山东省渔业产业转型升级战略研究

孙蕾蕾　著

中国海洋大学出版社
·青岛·

图书在版编目（CIP）数据

山东省渔业产业转型升级战略研究／孙蕾蕾著
．—青岛：中国海洋大学出版社，2016.5
ISBN 978-7-5670-1161-8

Ⅰ．①山…　Ⅱ．①孙…　Ⅲ．①渔业－产业发展－研究
－山东省　Ⅳ．①F326.475.2

中国版本图书馆 CIP 数据核字（2016）第 102363 号

出版发行	中国海洋大学出版社
社　　址	青岛市香港东路 23 号　　　　　　邮政编码　266071
出 版 人	杨立敏
网　　址	http://www.ouc-press.com
电子信箱	zhaochong1225@163.con
订购电话	0532-82032573（传真）
策划编辑	韩玉堂
责任编辑	赵　冲　　　　　　　　　　　　电　话　0532-85902495
印　　制	蓬莱利华印刷有限公司
版　　次	2017 年 11 月第 1 版
印　　次	2017 年 11 月第 1 次印刷
成品尺寸	170 mm × 230 mm
印　　张	10.75
字　　数	182 千
印　　数	1—1000
定　　价	22.00 元

如有质量问题请联系 0535-5651533 调换

　　如果说漫长的岁月是一种磨砺,那么执着无悔的追求势必让这种磨砺激扬出灿烂的火花,也正因为有了这种追求,才能让枯燥的学习之路开花结果。读此书,如读作者三年来的思想火花,研究作风从字里行间缓缓析出,深沉持久。

　　国内对产业转型升级的研究由来已久,但是渔业产业的转型升级仍然是一个需要业内继续深入研究的课题。山东省依靠得天独厚的条件,推动渔业产业快速发展,取得了巨大的社会效益,但是在飞速发展过程中,也暴露出很大的问题,无论是学术界,还是政商界,都对如何解决这些问题肩负着不可推卸的责任,砥砺前行,以继续推动山东省的渔业产业在新一轮的发展大潮中不落人后,潮头争锋。

　　本书作者在前面学者研究的基础上,将渔业产业结构调整和转型升级路径与转型升级战略理论有机地结合起来,同时又通过大量的数据分析,形成了具有可操作性的渔业产业转型升级战略选择和战略措施。书中的研究,并不局限于理论文献分析,也有大量翔实的数据以及严谨的模型构建,特别是运用了向量自回归模型(VAR)进行实证分析,证明渔业流通和服务水平、渔业加工水平、政府支持力度和渔业科研创新水平四方面因素对渔业产业转型升级的影响效果,为战略的设定提供了方向。

　　但是做出具有意义的研究并不容易,在完稿的过程中,作者曾不止一次地与我探讨过山东省渔业产业发展所面临的困境,这其中不仅有渔业资源的刚性约束,还存在水域资源减少、渔业灾害影响以及渔业基础设施和政策指引等方面存在的各种各样的问题,整个产业在经历过一段时间的高速发展之后,体现出的组织效能较低、创新能力缺失、人才匮乏等方面的制约也逐渐显现出来。但是发现问题并勇往直前，从来都是学术研究必不可少的精神，"海纳百川，取则行远"，也一直是海大学子遵循的治学之道。作者在长达三年的研究中，对出现的问题逐一研究，综合考虑，最终形成了本书。

本书不仅从传统管理理论的角度切入分析，还综合了大量管理理论前沿及产业发展前沿的概念及实践知识，从立体生态发展、政用产学研协同创新、产业价值链再造、科技创新、互联网＋等多角度、全方位地提出了战略实施路径，对山东省渔业产业发展具有一定的借鉴意义，也具有很强的现实指导性。

成书之日，作者的喜悦之情溢于言表，这是她三年来研究的结晶，她漫长的独立学术研究生涯也随之缓缓开启，对于一位在学术领域执着追求的新人，这一刻是令人喜悦的，也是催人奋进的。在指导孙蕾蕾研究学习的三年里，我看过她在灯下苦读的身影，也见过她在陷入学术难题时困惑的眼神，但是，所有的一切都在完成这本书的一刻变得价值千金。

学术研究是枯燥的，但也充满着无穷的魅力，见证了作者从硕士研究生到博士研究生毕业的成长历程，我的内心也是欣慰的，不仅因为她完成了自身的蜕变，也因为她的研究成果对实践具有一定的指导意义。这也是我对作者的一贯要求，不仅要做一个踏实的研究型学者，更要有一颗胸怀天下、报效祖国的心，做一个对整个社会有用的学者，将自己一身所学付诸实践，尽自己所能，带来一定的社会效益。

当然，此书虽已完稿，但是仍然存在很多需要深入研究的课题，也难免有一些疏漏或不完善之处，也需要作者在以后的工作中，继续钻研，做出更进一步的研究。

序已至此，再次把对作者的美好祝愿付诸笔端，希望作者在今后能够继续怀揣梦想，坚定执着，跟随学界前辈的精神指引，不断前进，阔步迈向更广袤的天空！

权锡鉴

目 录　CONTENTS ▶

第一章

绪　论

一、选题依据与意义

（一）选题依据

产业的转型升级是近几年来的研究热点,笔者选择渔业产业转型升级的战略问题作为研究主题,主要是出于对近几年来山东省渔业产业的发展问题影响到经济和社会发展的初步思考。

山东省土地资源相对紧缺,人均耕地面积仅 0.08 公顷,低于全国平均水平,渔业在山东经济中占据重要地位,不仅为人民生活提供了作为食物的动物蛋白,缓解了耕地面积不足、人口快速增长所带来的粮食紧缺;而且为农民创造了就业机会,是渔民就业和收入的主要来源,繁荣了农村经济。更重要的是,水产品的对外贸易也为国家创造了大量的外汇收入[1]。

山东省渔业历史悠久,在过去的几十年里,山东省依靠得天独厚的地域位置和环境条件,通过大量投入资本、资源和劳动力等生产要素并依靠技术进步,实现了产业初期的飞速增长,并极大地推动了经济和社会的高速发展,渔业也成为农业中发展最快、效益最好的重要传统优势产业。但近几年来,山东省渔业产业的发展遭遇到了巨大的冲击。

首先是渔业资源被过度开采和利用。水产品消费需求的与日俱增,再加上科技发展所带来的捕捞能力的提升,助长了过度捕捞尤其是灭绝性的捕捞,导致了渔业资源的日益枯竭。其次是生态环境的恶化。水资源污染加剧,生态系统受到破坏,再加上气候、灾害等不可控地理因素的影响,可用于捕捞和养殖的区域日益减少。再次是《联合国海洋法公约》、中日和中韩双边贸易协定等的签立,远洋捕捞的作业渔场面积明显缩减。最后是国内外竞争加剧,再加上科学技术的发展,特别是水产推广技术和水产加工技术的迅速发展,传统渔业产业单纯依靠扩大生产规模、大量消耗渔业资源和压低水产品价格来获得竞争优势的粗放经营方式已经不再有效。

山东省渔业产业一直"大而不强",表现在虽然产值、产量增长显著,但产业结构不合理,二、三产业发展滞后,且产业链低端化,水产品附加值较低。这些问题的存在,使山东省渔业产业的发展面临前所未有的困境,山东省的经济社会发展也受到了严重的影响。

产业发展环境危机四伏,有所准备,才有能力应对变化。相关政府部门已经认识到渔业产业转型升级的重要性,并下发了一系列政策文件指导产业的转型升级。为促进渔业产业的持续健康发展,构建环境友好型渔业生产方式,山东省传统渔业产业转型升级迫在眉睫。

(二)研究意义

本书的研究意义在于从理论与实证结合的高度,通过对山东省渔业产业发展现状的分析和发展水平的综合评价,找到其转型升级面临的困境及症结所在,结合转型升级影响因素分析,寻找适合山东省自己的渔业产业升级转型战略,并提出战略路径和战略措施。按照现代渔业产业"生态、优质、高效、品牌"的发展要求,提升渔业资源的保护、开发和利用能力,加强渔业基础设施建设,增强渔业科研和技术推广能力,强化渔业安全监管力度,转变渔业产业发展方式,调整渔业产业结构,大力发展渔业服务业,培育现代渔业加工和流通体系[2],提高渔业组织化程度和产业化水平,推动传统渔业产业向现代渔业产业转型升级,最终达到提高渔业产业发展水平的目的。

(1)拓展了渔业产业转型升级理论。

传统渔业产业转型升级理论关注的是产业结构的调整和升级[3],对价值链背景下的渔业产业转型升级研究不足。因此,利用产业经济学、区域经济学、管理学等学科知识对渔业产业转型升级进行系统研究,采用规范研究方法,丰富和拓展渔业产业转型升级理论,为山东省渔业产业的可持续发展提供理论依据。

（2）拓展了产业战略管理理论。

目前，渔业产业的转型升级，不仅是政府和国家关心的问题，也是国内外学者研究的重点，各方对此进行了大量的研究，但这些研究主要集中在基本理论和路径措施等方面，并没有形成系统且具体的产业转型升级战略。本书通过应用管理学中成熟的分析方法，对山东省渔业产业转型升级的战略环境进行分析，探索了适合山东省渔业产业转型升级的战略，并提出战略措施，这不仅是对产业转型升级的具体实践和操作，更为产业战略管理理论开拓了新的研究方向。

（3）促进山东省渔业产业转型升级。

党的"十八大"提出加快建设以工业化、城镇化、信息化、农业现代化为核心的"新四化"建设的重大战略，更要求促进山东省传统渔业产业尽快向高附加值、低污染、低能耗的集约型发展方式转变，使其形成可持续健康发展的能力。在低能耗、高产出、高附加值要求的今天，对山东省渔业产业转型升级、转变渔业生产方式、促进产业不断发展，成为渔业产业发展的新要求。本书提出了多种举措，从政策、行业环境，到经济投入、科技支持等，为山东省合理打造高附加值、高竞争力、高科技含量的渔业产业，提高渔业产业生产力，提升整个行业的竞争能力和生存能力，都具有十分重要的作用和意义。

（4）为全国其他省市渔业产业转型升级提供有益借鉴。

2014 年，山东省渔业经济总产值 3 590.1 亿元，占全国渔业经济总产值的 17.2%，同比增长 5.4%；其中渔业产值 1 552.3 亿元，占全国渔业总产值的 14.3%，同比增长 4.7%，渔业产值占农业产值比重为 16.1%；水产品产量903.7 万吨，占全国的 14%；水产品进出口总量 139.9 万吨，总额 27.7 亿美元，约占全国的十分之三。无论是渔业产值、水产品产量还是水产品的进出口贸易，山东省均连续多年居全国首位。山东省渔业产业也是全国渔业产业的典型缩影，因此，讨论山东省渔业产业转型升级战略，对推动全国渔业产业转型升级、促进渔业产业经济持续健康发展具有重要的意义[4]。

二、国内外研究动态

（一）产业转型升级理论研究

关于产业的转型升级问题，国内外存在基于"产业结构调整与优化"视角和基于"价值链升级"视角两种认识和研究思路。在过去,对山东省渔业产业转型升级的研究,大多数学者选择从"产业结构调整与优化"的角度进行,而笔者认为,随着"价值链升级"的理念在产业转型升级研究领域的盛行,基于这两种视角对山东省渔业的转型升级进行探讨,有其现实意义。

1. 基于"产业结构调整与优化"视角

产业结构理论主要包括三大类:产业结构升级理论、产业结构调整理论和产业转移理论[5]。

产业结构升级理论的代表理论有配第—克拉克定理、库兹涅茨的经济增长理论、霍夫曼定理和钱纳里的标准产业结构理论,这些理论主要阐述了三次产业结构以及工业结构内部演变存在的规律和发展过程中所表现的特征等相关问题;产业结构调整理论的代表理论为刘易斯的二元结构转变理论、罗斯托的主导产业部门理论、赫希曼的不平衡增长理论以及筱原三代平的两基准理论等,这些理论深入研究了如何通过推动产业结构优化与产业升级来推动国家或地区的经济发展;产业转移理论的主要代表理论有赤松要的雁行理论、小岛清的边际产业转移理论和弗农的产业生命周期理论,从产业的"发展模式"角度进一步研究如何运用较为成熟的产业发展模式来推动一个地区的工业化产业升级进程和经济持续发展。

(1)产业结构升级理论。

产业结构升级又可以称之为产业结构的高度化,国内早期出现的产业升级理论,主要就是这类产业结构升级理论,这是整个产业结构系统从较低的级别不断向更高级别演化的过程。杨治(1987)对经典的产业结构升级理论做了较为系统的阐述[6]。经典产业结构升级理论的主要研究对象是产业结构的演变,理论将三次产业划分作为研究基础,借鉴西方发达国家历史已有的产业发展经验,力图以此为基础,总结归纳国民经济产业结构发展演变的趋势以及产业内部结构伴随经济发展不断演变的基本规律[7],该理论的研究基础是认为传统要素之间的比较优势会在经济发展过程中发生动态的转化,目的则是为了总结在社会工业化的过程中产业不断升级的规律。它们包括以下内容。

① 配第—克拉克定理。配第—克拉克定理是最早的总结经济发展与产业结构演变存在相关关系的经验性理论。该定理的研究表明,随着国民经济发展和收入水平的提高,劳动力将会出现首先从第一产业向第二产业的转移[8],然后继续向第三产业转移的趋势。

1672 年,英国经济学家威廉·配第(William·Petty)发表了《政治算术》,他在这本书中阐述的观点,成为产业结构理论的早期雏形,配第指出:"工业的收益比农业多得多,而商业的收益又比农业多得多。"他以荷兰和法国为例,分析了不同的产业结构会导致国家经济发展水平的差别和国民收入水平的差异。这些理论逐渐形成了后来的"配第定理",即不同产业间存在的收入差异,会导致劳动力逐渐从低收入产业向高收入产业的转移。

"配第定理"是后来产业结构理论发展的基础,根据"配第定理",可以对一个国家或地区的产业结构特征进行大致确定,从而较为明确地认识该国或地区的产业发展阶段,并对第三产业的劳动力需求进行合理的预测。

1940 年,科林·克拉克在他发表的著作《经济进步的条件》一书中,基于配第的研究,对 40 多个国家不同时期的产业结构演变进行了整理和归纳,提出了著名的配第—克拉克定理,即随着经济的发展和人均收入水平的提高,劳动力会出现首先由第一产业向第二产业转移,然后会继续向第三产业转移的趋势[9]。第一产业的劳动力相对比重会逐渐降低,而第二产业及第三产业的劳动力相对比重会逐渐提升。劳动力结构在三次产业中的变化,会导致三次产业在这一国家或地区中的地位随之改变,由此带来产业结构从较低等级向更高级、搭配更合理的方向转化,第二产业及第三产业的国民收入也会随之不断提升。

② 库兹涅茨的经济增长理论。美国著名经济学家西蒙·库兹涅茨继承了"配第—克拉克定理"已有的研究成果,采用统计学的分析方法,以发达资本主义国家作为研究对象,对产业结构的演变提出了更加明确的观点,综合论述了产业结构和国民收入、生产率、劳动力分布状况的变动规律。他认为,在现代经济的发展过程中,农业部门(第一产业)产值在国民生产总值中的比重与劳动力在总劳动力中的比重趋于下降;工业部门(第二产业)产值在国民生产总值中的比重趋于上升,但其劳动力占总劳动力比重的上升趋势并不明显,且在工业化后期,工业部门产值与劳动力的相对比重皆会下降;而服务业(第三产业)随着经济的发展,其产值与劳动力在三次产业中所占比重会持续上升,且劳动力所占比重上升更快[10]。

库兹涅茨继承了"配第—克拉克定理"并做了更深入细致的研究,将三次产业划分为"农业部门"、"工业部门"和"服务业部门"[11],进一步揭示了产业结构的演进规律。他从时间序列分析和横向比较分析的角度出发,根据美国、法国、英国等十多个国家一百多年的经济增长统计资料,总结了劳动力所占比重和三次产业产值比重的演进趋势,提出了"比较劳动生产率"的概念,即产业产值所占比重与产业劳动就业所占比重的比值。

库兹涅茨还总结了产业结构变化趋势中的重要影响因素,认为科学技术进步是产业结构变化的根本原因,需求结构的改变是引起产业结构变化的直接诱因,除此之外,外贸结构的改变也成为影响产业结构变化的重要因素。

③ 霍夫曼定理。1931 年,霍夫曼定理由德国经济学家霍夫曼(W•C•Hoffmann)在《工业化阶段和类型》一书中提出,又被称为"霍夫曼经验定理"。霍夫曼定理分析了工业化进程中工业结构演变的规律,将制造业中消费资料工业的净产值和资本资料工业的净产值的比例关系设定为"霍夫曼比例"或"霍夫曼系数",内容是随着国家经济的发展和工业化程度的提高,霍夫曼比例是不断下降的[12],也就是说资本资料工业在制造业中所占比重将不断上升并超过消费资料工业所占比重。

这一定理是霍夫曼根据工业化早期和中期的经验数据推算出来的,他把工业化某些阶段产业结构变化趋势外推到工业化后期,并把工业化分为四个阶段[13]。

④ 钱纳里的标准产业结构理论。在世界发达国家的工业化进程中,通常遵循着这样的发展轨迹:以制造业为典型代表的工业内部结构首先以劳动密集型产业为工业化的起点,逐渐演化发展出资本密集型产业,再经过产业结构的升级,形成技术密集型产业和知识密集型产业[14]。

1986 年,美国哈佛大学教授霍利斯•钱纳里(Hollis B•Chenery)利用第二次世界大战后不同类型发展中国家的历史统计资料进行归纳分析,建立了"世界发展模型",即不同国家在经济发展不同阶段的经济结构标准数值,并由此提出了标准产业结构理论。在研究中,钱纳里综合了人均国民生产总值、三次产业产值结构和就业结构等指标将结构转变过程分为三个阶段、六个等级(见表 1-1、表 1-2)。

表 1-1　人均国民生产总值与经济发展阶段的关系

经济发展阶段		人均 GDP(1970 年,单位:美元)	人均 GDP(1980 年,单位:美元)
初级产品生产阶段		140～280	300～600
工业化阶段	初级阶段	280～560	600～1 200
	中级阶段	560～1 120	1 200～2 400
	高级阶段	1 120～2 100	2 400～4 500

经济发展阶段		人均GDP（1970年，单位：美元）	人均GDP（1980年，单位：美元）
发达经济阶段	初级阶段	2 100～3 360	4 500～7 200
	高级阶段	3 360～5 040	7 200～10 800

表1-2　人均国民生产总值与三次产业产值结构的关系

人均GDP（1980年，单位：美元）	第一产业（%）	第二产业（%）	第三产业（%）
<300	48.0	21.0	31.0
300	39.4	28.2	32.4
500	31.7	33.4	34.6
1 000	22.8	39.2	37.8
2 000	15.4	43.4	41.2
4 000	9.7	45.6	44.7
>4 000	7	46.0	47.0

　　钱纳里的标准产业结构理论显示，在不同的经济发展阶段，会有与之相适应的产业结构和就业结构，不同经济发展阶段的"结构标准"是不同的，这也为判定和评价处于特定经济水平下的国家或地区产业结构水平提供了参照，同时也为国家或地区根据经济发展目标制定产业结构转换政策提供了理论依据。

　　钱纳里与赛尔奎因等人的研究显示，产业结构的变动是相对滞后的，随着工业化进程的开启，第一产业所占比重持续下降，且劳动生产率较低，劳动力开始向第二产业转移，第二产业所占的比重迅速上升，并逐渐超过第一产业所占的比重，产业劳动生产率提升速度较快，进入工业化后期，第二产业所占比重达到最高水平，第三产业的比重由前期的平稳增长转变为高速增长，第一产业的闲置劳动力开始大量涌入第三产业[15]。但是就业结构的变化总是滞后于产业结构的变化，在工业化的过程中，初级产品份额的下降速度超过初级产业部门就业的下降速度，这表明投资和技术进步集中在工业，而剩余劳动力的积累集中在农业[16]。虽然在工业化的初期，大量劳动力向第二产业转移，但是随着工业化进程的继续推进，第二产业对劳动力的需求弹性逐渐降低，劳动力所占比重变化不再明显，劳动力在第一产业中闲置，出现劳动力结构与产业结构不对称的情况，直到工业化后期，大量闲置劳动力涌入第三产业,导致第一产业劳动力比重的持续下降[17],劳动力结构逐渐与产业结构趋于平衡。

（2）产业结构调整理论。

随着理论研究的进一步深入,一些经济学家及学者不断发展产业结构的调整理论,特别是对发展中国家产业结构的调整升级及其表现形式、如何选择主导产业及相应的政策实施、发掘经济增长长效性的内生动力等多个领域[18]进行了深入的研究,在此基础上,提出了若干如何判断及推动产业结构调整升级的新理论,并从多个角度拓展深化了产业结构升级理论的体系构成,在前述的经典理论基础上做出了积极的拓展。

自20世纪90年代末开始,国外开始了对产业升级的研究,前期学界主要关注的是"产业结构调整",如刘易斯的二元结构转变理论、罗斯托的主导产业部门理论、赫希曼的不平衡增长理论和筱原三代平的两基准理论等。

① 刘易斯的二元结构转变理论。美国经济学家威廉·阿瑟·刘易斯在1954年发表论文《劳动无限供给条件下的经济发展》,提出了二元经济结构模型,解释了发展中国家普遍面临的经济问题。刘易斯认为,在很多发展中国家,由于超前的工业化建设,导致现代化的工业部门和技术落后的传统农业部门并存,而且两个部门的发展速度极不均衡。发展二元经济的核心是推动传统农业部门的闲置劳动力转移到现代化的工业部门中。随着工业化的深入和扩张,有效吸收传统农业部门的剩余劳动力,使之能够分享工业化带来的福利,吸引更多的农业部门中的劳动力,形成劳动力在工业和农工业部门之间的动态均衡配置。为了发展和得到更多的劳动力配置,现代工业部门不断扩大规模并提高生产效率,与传统的农业部门不断提高劳动生产率互相促进,形成良性循环,最终将推动、促进二元经济的不断转变,成为一元经济。

二元经济结构理论探讨了发展中国家传统农业与现代化工业二元结构如何消除差异进而转变成一元经济的途径。二元经济结构是发展中国家普遍存在的问题,在发展中国家,传统农业部门存在大量的"零值劳动人口"。刘易斯指出,就业就是闲置劳动力在部门间转移的过程。现代工业部门的劳动边际生产率远高于农业部门,能够提供更高的工资水平,并且资本积累速度很快,所以在二元经济结构中天然存在生产和组织的不对称性,因此,在不存在劳动力流动障碍的前提下,农业部门为工业部门提供了大量的廉价劳动力,使得工业产业得到快速的发展,直到工业部门吸收了农业部门所有的剩余劳动力甚至使农业劳动力出现"负增长"。工业部门发展到特定的阶段,会倒逼农业部门革新技术,以提高劳动生产率,提升劳动力报酬,最终使得农业部门与工业部门的工资水平收入趋于接近,农业部门的非农劳动力转移与生产率提高将促进农业部门和工业部门动态均衡发展,二元经济结构逐渐消除并最终转变为一元经济。

刘易斯提出的二元经济结构理论首次在理论上明确了发展中国家存在"二元结构"的差异,这种理论与发达国家曾经历过的发展道路相符合,为广大发展中国家提供了经济发展的重要借鉴。

② 罗斯托的主导产业部门理论。通过研究,美国经济学家罗斯托(Walt·Whitman·Rostow)提出了主导产业理论以及主导产业扩散理论和经济成长阶段理论。他认为,经济增长能够在不同的经济发展阶段得到保持,这主要归因于主导产业部门的快速发展。在快速发展过程中,主导产业通过扩散效应,带动了社会中大量其他产业部门的发展,通过前向效应产生规模经济,降低中间产品的成本,为产业下游提供更大的利润空间;通过后向效应,下游产业快速发展带动上游产业不断增加产出;通过侧向效应,依托主导产业的发展,带动周边配套产业快速发展,不断推进工业化[19]。通过前向效应、后向效应和旁侧效应的共同作用,推动整个社会产业的进步和发展。

罗斯托基于主导产业部门的有序变更,对经济成长的不同阶段进行划分,也被称为"起飞理论"。他指出,较高的积累水平,引导起飞的主导部门和保证经济起飞的制度设计,是实现经济起飞的必要条件。而在不同的经济阶段,主导产业部门也会发生变化。罗斯托的观点为不同国家的产业升级提供了思路,揭示出经济增长从实质上分析是主导产业部门序列的更替。

③ 赫希曼的不平衡增长理论。1958年,经济学家赫希曼出版了《经济发展战略》一书,在书中,他提出了不平衡增长模型。不平衡增长理论认为,发展中国家由于资源稀缺,如果所有产业全面发展,必然效率低下。基于应该充分利用稀缺资源的认知,赫希曼认为,应当将有限的稀缺资源投入到对国民经济有重要影响、具有战略意义的产业部门[20],且能够有效传导到其他部门,使得资源能够得到最大限度的有效利用,促进社会经济的发展,即"不均衡的经济增长",产业部门的选择需要遵从赫希曼标准,即选择产业关联度大,能够最大程度地带动其他相关产业发展的产业部门。因此,在决策时,应当优先选择那些社会成本低、外部经济条件好的产业项目进行投资,而政府则应当主动担负社会基础设施的投资,因为这部分投资所需额度高、周期长、缺乏对私人资本的吸引力。

④ 筱原三代平的两基准理论。筱原三代平的理论主要阐述了一国或地区如何确定主导产业的选择基准,同时,他的理论也从另一个角度论证了产业结构不断升级的方向,即产业发展的方向是向那些与前后向关联作用更强、有更大的市场需求、具有更快速的技术创新能力以及更高速生产率的产业转化和升级。

1957 年,筱原三代平在发表《产业结构与投资分配》一文中提出,规划产业结构升级需要具有动态比较成本优势,衡量产业是否具有动态比较优势的两个基本准则是"收入弹性基准"和"生产率上升基准"。以价格不变为前提,收入弹性就是指某个产业产品需求的增加率与人均国民收入的增加率之比。拥有高收入弹性的产业随着人均收入的增加,产品的市场需求会快速扩张[21],这种产业因需求快速增长,更容易维持高价格,获取高额利润,因此这类产业更容易获得成长空间。基于收入弹性基准理论,需要把社会积累持续投向收入弹性大的产业,以便快速形成产业升级和资本积累。生产率上升率高的产业通常会具有较低的投入和较高的产生效率,随着国民收入的提高,竞争优势会越来越明显,引导相关资源向这个产业转移。因此,"收入弹性基准"和"生产率上升基准"就成为判断如何选择主导产业的重要基准。如果一个产业符合收入弹性大、生产效率高、科技进步快等特点,就能够吸引足够多的资源投入,获取较高的利润率,具有良好的发展前景,并成为未来的主导产业。这也符合产业结构调整理论,作为产业结构调整的一种方式,产业转型必然是从粗放式、高能耗,转向依靠技术创新,与环境友好相处的方向。因此,应该优先向整体成本低、经济关联度高、收入弹性大,劳动生产率高的产业发展。

(3)产业转移理论。

① 赤松要的雁行理论。1935 年,日本经济学家赤松要在《我国羊毛工业品的贸易趋势》中阐释了产业转移与国家不同发展阶段的兴衰关系,这就是著名的雁行理论(the flying-geese model)。他对日本的研究表明,日本的产业经历了从国外进口产品、进口产品替代、出口产品和重新进口产品四个阶段并呈周期循环,在图标上呈倒"V"形,类似飞行中的雁阵[16]。这种周期循环表现在国家产业的演进升级过程中。东亚地区的产业转移也存在着类似的特征,即各国间存在着梯度式的产业传递过程,在一定时期内形成了产业的循环和演化机制,使后续发展的国家中的产业逐渐向更高的层次升级转换。

② 小岛清的边际产业转移理论。20 世纪 70 年代,小岛清通过分析日本

的直接对外投资,提出了"边际产业转移"理论[23],他认为当某产业在本国内已经不再具备比较优势,成为本国的劣势边际产业,而在另一个国家却仍然拥有较强的比较优势,是存在优势的边际产业时,就会发生国际间的产业转移,这一理论进一步强调了边际产业在国际间的梯度转移[24]。

小岛清的理论认为,产业转移是资本、技术、管理水平等综合资源的整体转移,主张从两国间技术差距最小的产业开始进行转移,与东道国进行全方位的合作。但是小岛清认为,发达国家应保留高新技术产业,以保持其竞争优势地位。虽然边际产业转移理论无法合理解释发达国家之间的投资等很多现实存在的经济现象,但是对于一国的产业升级仍然具有一定的指导意义。

③ 弗农的产业生命周期理论。1966 年,美国经济学家雷蒙德·弗农(R·Vernon)将产品的生产划分为导入期、成熟期和标准化三个阶段,提出了产品生命周期理论[25],成为研究产业生命周期理论的基础。到 20 世纪 70 年代,Abernathy 和 Utterback 将创新驱动型产品融入产品生命周期中,提出了 A-U 产品生命周期理论,将产品划分为流动、过渡和确立阶段。到 20 世纪 80 年代,Klepper 和 Gort 通过 G-K 模型,基本确立了产业生命周期理论。

产业生命周期曲线与产品的生命周期曲线基本一致,共分为导入期、成长期、成熟期和衰退期四个阶段。根据该理论,产业从初期的产值较低,管理水平落后,到成长期的高速发展,使得产业在整个产业系统中的比重快速增长,再到成熟期的市场稳定发展,直到衰退期的需求萎缩,或者通过创新,重新开始一个新的产业生命周期,构成一个完整的产业生命周期[26]。

根据产业生命周期理论,产业结构的发展与产业所在市场的发展息息相关,市场情况的变化,会对产业的转移和发展产生直接的影响,同时,产业政策的变化,也会对产业的生命周期产生巨大的影响。因此在进行宏观政策设计的时候,需要考虑到产业所处的生命周期与产业进化的自然规律相结合,引导产业合理转移和升级。

2. 基于"价值链升级"视角

价值链包括了从产品价值链,到产业价值链以至于全球价值链等不同范畴内的概念,因此相应的价值链升级也就不仅仅指单纯的产品价值升级,而是从产品到产业层面甚至更高层面地涉及价值由低端向高端提升的过程。

近半个世纪以来,跨国公司的国际活动和渗透日益频繁,产业的国际间转移和经济全球化的趋势愈加明显,国际分工不断出现新的发展态势,归根结底,这种变化是基于产业在全球范围内形成产品生产的分工网络,这种产品在生产分工和产业环节上的细分使得原本在同一个行业或企业内就能够完成的生产链条被细化拆分成多个工序和环节,细分行业使得企业对生产价值链上的特定环节更加专业化,这些生产过程的垂直专业化最终实现了完整价值链的精细分解。不断出现的复杂背景,让研究传统比较优势的演化路径变得十分复杂,产业升级的内涵和外在表现更加多样。

以产业组织理论与竞争战略理论为基础,业内学者对如何保持产业在全球价值链中持续创造并保持竞争优势开展了研究,为特定区域内产业的良性升级和演变提供指导。相关研究不仅针对因要素资源发生变化而导致的产业演变、更替升级,还针对因产业内部在价值链环节中的攀升带来的从低附加值向高附加值升级的有利变革。这些针对价值链的研究有效地补充了已有的产业结构升级理论。这方面具有代表性的理论成果主要包括:

(1)价值链相关理论。

①迈克尔·波特的价值链理论。价值链(Value Chain,简称 VC)的概念最早由哈佛大学商学院教授迈克尔·波特(M. E. Porter)提出。1985 年,波特在其所著的《竞争优势》一书中指出[27],企业价值创造的动态过程是由一系列相互联系的作业活动构成,这些活动主要分为两类,即基本活动和辅助活动(或称支持性活动)。基本活动包括生产经营、市场营销、物流运输和售后服务等,辅助活动包括采购、基础设施建设、人力资源管理、技术研发和财务管理等,这些增加企业产品或服务的实用性或价值的活动构成了企业价值创造的行为链条,即价值链[28](见图 1-1)。

图 1-1 迈克尔·波特的价值链图

经济活动中,价值链无处不在,包括企业内部价值链、竞争对手价值链和行业价值链三部分。企业内部价值链是由企业基本活动和辅助活动所组成的创造企业自身价值的行为组合。竞争对手价值链和行业价值链又被称为企业外部价值链,企业外部价值链则是企业与供应商、购买方共同组成的价值体系。波特认为:"消费者心目中的价值由一连串企业内部物质与技术上的具体活动与利润所构成,当你和其他企业竞争时,其实是内部多项活动在进行竞争,而不是某一项活动的竞争[29]。"也就是说,企业之间的竞争,不仅涉及企业内部价值链核心环节的竞争,还包括企业与外界环境所构成的综合价值链竞争。波特的观点从系统论的角度剖析了整个价值链的全貌,不仅着眼于企业内部的价值流,而且从外部环境的视角研究整个价值系统,为"全球价值链"概念的提出创造了理论基础。

在《国家竞争优势》一书中,波特指出,比较优势的变化并不能够简单地决定产业升级,由国家创造的良好环境和制定的具有支持性的政策所产生的国际竞争力提升也对产业升级起到了十分重要的作用。

波特在其1990年的著述中认为,通过产业之间的生产要素转移,资本密集型产业和技术密集型产业获得了丰富的资源[30],传统产业以此为基础,依托比较优势获得了产业的发展。

② Kaplinsky和Morris的产业升级梯度发展理论。Kaplinsky和Morris(2001)也认可这种将产业升级划分为四种类型的方式,通过对大量实例进行研究,他们发现,很多产业都会表现出类似的阶梯式的升级过程,通常情况下,企业的升级都始于过程升级,然后通过进一步的产品升级和功能升级,最终达到价值链升级的目的,但是产业升级中间也会出现跨越式升级或者倒退的情况。较多的学者认可了这种分类方式,并以此为依据,研究发展中国家企业的升级状况。

③ 施振荣的微笑曲线(Smiling Curve)。台湾宏碁集团创始人施振荣在1992年提出了微笑曲线理论,以附加值和价值链为纵、横轴,微笑曲线底部是制造,附加值最低,左端是研发,右端是营销,意味着更高的附加值,因此产业未来发展方向是朝向微笑曲线的两端[31](如图1-2所示)。微笑曲线也称作附加值曲线,相对基于全球价值链研究企业升级的理论,微笑曲线明确地提出了两个维度,即横轴的价值链维度和纵轴的附加值维度,成为能够分析企业、产业升级的新模型。

根据"微笑曲线",制造业价值攀升的主要方向是向曲线的两端延伸,由简单的组装和制造,向曲线两端创新技术、申请专利、开拓品牌和提供服务的方向发展,成为被广泛应用的分析价值链各环节附加价值的模型。

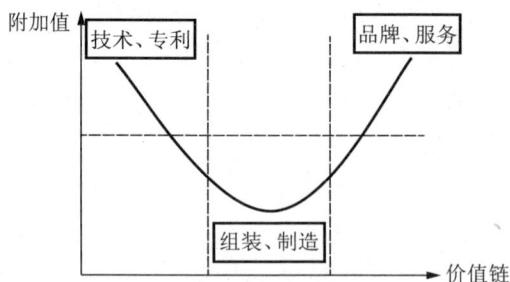

图 1-2 微笑曲线

（2）全球价值链（GVC）相关理论。

随着全球化的影响不断加深，国际之间的分工愈加细致，最开始的简单的产业间分工已经不能满足日益频繁的国际间贸易和投资，产业内部的分工甚至产品内分工出现得越来越多，以分工合作、精细化和更加专业化为表现的全球化生产系统已经形成。国际间产业链的重构和生产的转移，使得发展中国家得到了产业升级的机会，通过引进外资、技术合作等多种方式，发展中国家可以快速地获得发达国家转移的部分产业，进而实现本土产业的发展和升级。

经济全球化的日益发展，使得产业转移的过程已经不再是单纯的劳动密集型产业转移，越来越多的资本转移、技术转移出现在全球化的资源配置过程中，这也给了发展中国家依托自身比较优势，进入多个行业和产业的机会，资金密集型产业和技术密集型产业的转移发展，使得很多国家有机会进行跨越式的产业升级。

① Gereffi 的全球价值链理论。在全球分工日益细致的背景下，20 世纪 90 年代末，格里芬（Gereffi）等将产业组织研究建立在价值链分析的基础上，提出了"全球商品链"的概念，其含义是全球不同的企业在由产品的设计、生产和营销等行为组成的价值链条中展开合作[32]，将全球商品链的驱动方式总结为"采购者驱动型"和"生产者驱动型"，并对两种驱动类型的价值链进行了深入的分析和比较。

直到 21 世纪初，格里芬等人的理论研究才跳出"商品"的范畴，众多学者一致确定了"全球价值链"的基本概念和理论框架，即全球价值链（GVC）是指在全球范围内为实现某种商品或服务的价值而连接原材料、生产、销售、售后服务等全过程的跨企业网络组织。全球价值链形成之后，企业根据资源配置分布在全球各地,根据价值链内的分工分别进行从研发设计直到生产加工和销售的价值增值活动。

全球价值链的概念确定之后,以此为基础的产业升级理论才逐渐明晰。格里芬较早地认识到从产业升级的层次进行产业升级的研究,认为产业通常都是从低附加值的劳动密集型产业向资本和技术密集型产业发展过渡。以此为基础,从资源合理配置转移的角度出发,他将产业升级归结为四个层面:企业内部升级、企业间升级、国家内部升级和国际间升级[33]。格里芬认为,这是一个企业逐渐获得更高的获利能力的转化过程。

② 产业升级的四种模式。Humphrey 和 Schmitz(2000)在全球价值链理论确立之后,提出全球价值链的产业升级包含了四种模式,即工艺流程升级、产品结构升级、产业功能升级与价值链升级。

工艺流程升级是通过整合系统或者引进新技术提高生产效率,强化和保持现有的竞争优势;产品结构升级是在同一个产业内从生产简单、低附加值的产品向生产复杂、精密的高附加值产品方向发展;产业功能升级是指在产业内从事更多价值环节的生产或者从生产等附加值低的价值活动转向设计、销售等附加值高的功能环节;价值链升级又称为部门间升级,是指将企业的盈利能力应用到另一个相关的产业链,获得新的价值更高的盈利能力。

当然,在产业升级的过程中也会出现多个层次交叉并存的现象,使得从价值链视角对产业升级的研究变得复杂多变,但是,就产业升级本身而言,无论是处于哪个层次的升级过程中,其本质都是由劳动密集型的价值环节向知识密集型、技术密集型的价值环节转变[34],期间伴随着资本的投入、科技的升级与知识的深化。

(3)价值链理论的拓展。

价值链理论的研究和发展对产业理论的发展起到了十分重要的作用,随着产业发展出现越来越多的新情况和新方向,很多延伸性的理论在价值链理论的基础上得到了进一步的总结和发展。

① 价值网络理论。价值网络(value network)理论近年来逐渐成为国内外研究的热点,虽然还没有形成完整统一的概念,但是在众多的研究中,其核心内容仍然存在着一些共性。首先,价值网络以顾客价值为核心进行构建,首要的目的就是为了满足客户需求。第二,价值网络具有网络化的特征,通过一些网络的结点,形成一个互相影响、价值传导、动态关联的产业网络。第三,价值网络的形成能够促进网络内企业的动态发展空间和价值创造,形成

良性发展。第四,在价值网络中,信息直接参与网络互动,创造价值,通过信息流动,网络内各环节可以优化配置,分享知识,高度协同。

价值网络的概念在斯莱沃斯基的《发现利润区》*Profit Zone*一书中首次提出,整个价值系统包括自供应商直到终端顾客,以及中间涉及的所有有价值的关系系统。他认为,随着客户需求的多样化、市场竞争的日益激烈和互联网带来的冲击,企业应从传统的供应链角度设计企业结构,转向从价值网络的角度进行企业构建。价值网络的构建,是通过信息的快速传导,使生产更加灵活、高效和具有针对性,来满足顾客多样的苛刻的需求。价值网络将价值链中处于不同环节的利益相关者紧密联系在一起,整合网络内的资源和功能,协调一致为顾客创造价值。这个创造价值的过程,离不开价值网络内的任何一个环节,网络内的所有利益相关者都为价值创造贡献了资源和能力。

价值网络打破了传统价值链理论的按照创造价值的顺序进行研究的线性思维,围绕顾客需求将价值量重构,形成了从信息传递到价值生成和使用的复杂关系网络,将网络内成员进行整体最优的价值组合,形成一定的规模经济,并能够持续推动网络内企业实现其长远目标。

② 价值星系理论。价值星系的本质是一种特殊的价值网络,区别就在于价值星系中存在一个"恒星企业"。该理论由 Norman 和 Ramirez(1993)提出,他们在《从价值链到价值星系:设计交互式战略》一文中认为,价值星系由一个核心企业及其他围绕核心企业安排生产及运营的企业系统构成,这些企业根据其拥有的资源及能力,又被分为"行星企业"和"卫星企业",供应商、大量的生产企业、经销商、终端客户等利益相关者共同构成了这个价值创造体系。

在价值星系内,恒星企业具有管理星系的能力,整个星系的战略走向都由其决定,通过对星系内部企业间的资源、知识进行协调和整合,各成员在恒星企业的调度下,共创价值、共享成果。行星企业由于拥有较多的资源,有能力与恒星企业进行资源共享和信息交换,与恒星企业的关系也较为稳固,在关系网络中具有较强的议价能力,扮演了恒星企业的紧密合作者的角色,而卫星企业与核心恒星企业的关联度相对较低,往往处于价值星系中的最外围,其拥有的资源并不能够使其具有话语权,他们通常只具备容易被复制的低位资源,为相关企业做配套生产及产品,技术含量低,可替代性高。

价值星系中的企业所具有的竞争能力和星系的规模,是由恒星企业自身的实力和捕获周边企业的能力所决定的,整个体系正是通过恒星企业的调度、协调、指挥、带动,才能够以最优化的资源配置和最合理的成本付出提供最能够满足终端客户的服务和产品。和天体星系类似,价值星系中的各成员企业之间的关系也是动态变化的,同样存在着吸引力和排斥力,多种关系的综合作用,使价值星系的运行趋于稳定,构成了动态平衡的价值星系。

③ 产业链理论。产业链是来自产业经济学的概念,是指生产某种产品的多个加工过程中及环节构成的完整的生产链条。产业链的理论雏形来源于亚当·斯密的《国富论》,他认为生产一种产品的劳动往往由多个劳动者担任,因此早期的产业链局限于企业的内部活动,直到马歇尔将这些分工的理念推广到企业与企业之间,真正的产业链研究开始了。

国外对产业链的研究十分稀少,相反,国内对产业链的研究已经形成了比较系统的体系。从对农业产业链的研究开始,已经推广到大量的产业研究中,成为受到普遍认可的研究方法。国内学者吴金明等(2006)在《产业链形成机制研究》中指出,产业链是一个包含价值链、企业链、供需链和空间链四个维度的概念,这四个维度在相互对接的均衡过程中形成了产业链,产业链形成的动因在于产业价值的实现和创造,产业链是产业价值实现和增值的根本途径[35]。

因终端需求的拉动,产业供需链内部的需求和技术链条对接,为生产产品进行资源配置,就引起了企业链的对接,这实际上承载了产业链的价值实现,企业链的对接会逐渐形成一定的空间布局,构造产业链中动态平衡的空间链,多企业、产业间以价值链为主导,进行分工合作,最终形成各具特色的产业链[36]。

在产业链的发展过程中,会受到来自企业内部(微观)、市场竞争(中观)、政府调控(宏观)以及产业链自身的调控,根据所处的现实情况,产业链会形成最终趋于稳定的运行模式,而四个方面对产业链的综合影响,也会不断促进产业链的优化升级和持续发展。

(二)产业转型升级战略研究

早在 1989 年,国外学者 Amsden 就在其研究中指出,在发展中国家等新兴市场,企业和产业需要通过从委托代工制造,逐渐攀升到研发设计领域,并最终建立自由品牌的途径,进行升级。

国内在产业转型升级战略的研究领域起步较晚,自 2001 年开始才出现了第一篇以产业转型战略为对象的研究论文,熊世伟以上海为对象,研究了上海产业调整的战略选择,并较为系统地总结了产业结构调整的方向。他认为,转型升级是产业结构调整的必由之路,一是从工业化后期向后工业化社会的加速转型,二是从单程式经济向循环经济的转型,三是从投资推动型增长,加速转变为创新驱动型增长,四是从粗放型向集约型增长的方向转变[37]。其所提出的集约化发展、创新战略等现今看来具有很强的前瞻性。

到了 2002 年,林汉川在《重视中小企业转型升级的战略问题》中提出了转型升级的战略思路,指出要解决各产业结构趋同的问题;从"小而全"模式向中小企业集群、专精的模式转变;重点发展科技创业、社区服务型、劳动密集型的中小企业;从委托代工到自有品牌的转型发展等战略方向[38]。这是对国内产业转型升级战略较早的论述。

2007 年,杨春生对广东省加工贸易产业进行研究,认为转型升级是加工贸易企业的必然选择,而进行全产业链拓展则是产业升级的必经之路。2012年,陈杰英又对广东加工贸易企业进行了转型升级战略方面的研究,认为转型升级的关键在于攀向产业价值链的高端和商业模式的创新,通过这两个方面的推动,提高企业的竞争力,改善行业的生存环境,获得持续的竞争力。

2011 年,辜胜阻、杨威等在《十二五时期中小企业转型升级的新战略思考》中提出,中小企业的转型升级战略主要有六个方面,一是从低成本到差异化的战略转变,二是从多元化战略到归核化战略的转变,三是从规模扩张向质量提升的战略转变,四是从快速跨越式发展向长久持续性发展的战略转变,五是从无序竞争向战略联盟和集群战略的方向发展,六是转变国际分工中的角色,向产业高附加值端进行发展的战略[39]。

山东省发改委课题组在 2013 年提出了要大力实施"高端高效高质"战略,以科技支撑作为核心竞争力,配套金融支持、政策支持,推动绿色发展和持续发展[40]。

近年来,国家层面对产业转型升级的重视也带动了学术界的相关研究。随着国家长江经济带战略布局的展开,部分学者对特定地域的产业转型升级也做出了研究。2015 年,吴传清指出,推进产业转型升级是一项系统的工程,需要从产业体系的现代化、产业合理布局、培育产业集群和提高产业创新能力等几个方面推动产业转型升级[41]。同年,江苏省经信委和江苏省政府研究室认为,整个江苏省的产业转型升级战略就是"智能制造",并在《智能制造:江苏产业转型升级的战略选择》中指出,新一轮科技革命与产业变革加快孕育突破,信息化、网络化和传统工业的融合成为各国制造业竞争的制高点,主攻方向是智能制造。江苏将把加快发展智能制造作为实现两化深度融合、推进产业转型升级的战略选择[42]。

陈建军在 2015 年对浙江省产业转型升级的研究中指出,推动浙江的产业转型升级,关键在于打造大众创业、万众创新的社会政策环境[43]。将打造合理的社会政策环境作为产业转型升级的战略方向,提出一要推动城市的创新空间建设和区域一体化,二要构建官方、产业、学校融为一体的创新机制。

胡大立通过对国内产业集群的研究在 2016 年提出,全球价值链下发展中国家的产业集群升级路径要视不同情形采取不同路径,生产者驱动的产业集群需要通过增强科研能力,提高创新能力转型升级;购买者驱动的产业集群需要通过低成本运营、渠道建设和品牌构建来达到转型升级的目的,以此来打破"低端锁定"效应带来的风险,最终实现产业转型升级[44]。

无论是企业的国际化战略、多元化战略,还是产业链整合、品牌建设、归核化战略,一直到近年来国家十分重视的创新战略,都是产业转型升级过程中能够借鉴并值得研究的领域和方向,其根本目的,都是为了增强企业竞争力,推动产业持续发展。

(三)渔业产业转型升级理论研究

通过搜索"渔业产业转型升级",截止到 2015 年底国内共有 18 篇文章,始于 2009 年,其中学术研究类的文章有 2 篇,方旺顺主要论述了休闲渔业的发展方向,认为通过休闲渔业可以推动渔业一、二、三产业的相互结合,可以培育渔业经济新的增长途径[45]。但是文章并没有对渔业产业转型升级进行合理的分析和研究。高巧依通过对浙江省的渔业产业进行研究,认为产业结构升级首先需要科学规划、资源合理配置,其次要不断推动技术创新和效率提升,第三要进行产业链延伸,掌握核心技术,进行品牌构建。使渔业在结构调整中向纵深发展[46]。

通过搜索"渔业产业升级",截止到 2015 年底国内共有 53 篇文章,搜索"渔业产业转型",共有 30 篇文章,但是其中期刊文章较少,且仅有极少数涉及渔业产业转型升级方面的研究。

早在 2012 年,丛军就分析了山东省渔业产业结构的优化升级对策,认为山东省虽然在产业结构调整方面取得了一定的成绩,但是仍然需要在水生生物资源保护、推动渔业产业化及产业结构合理化、增强科研力度等方面进行完善,综合推进山东省渔业产业结构调整升级[47]。

刘小峰等于 2013 年从价值链视角对福建渔业产业升级的机制进行了分析,但是研究仍然限于从过程升级、产品升级、功能升级、链条升级四个方面进行论述,具体形象了产业升级梯度发展理论,但是仍然没有跳出 kaplinsky 和 Morris 的理论范畴[48]。

2014 年,胡文娟和甘江英通过对万年县的渔业现状进行分析,认为其产业升级首先需借助当地资源构建核心产业链,其次整合市场,构建平台,第三构建品牌。通过三方面的推动,实现当地渔业产业的持续升级发展[49]。

马彩华等在 2015 年发表了《现代渔业向第三产业转型可行性分析研究》,文章在水产品产量几乎零增长的背景下,进行了渔业向第三产业进行转型的思考,认为现代渔业应该不断向以休闲渔业为代表的第三产业转型[50]。

除此之外,杨林、马顺等的研究认为,渔业产业结构的优化升级不仅仅是产业结构从劳动密集型向资金和技术密集型产业的转移,还应该考虑到生态环境的基础性作用和渔业资源的可持续发展[51]。

虽然学界对渔业产业转型升级的研究还不够丰富,但是从中依然能够总结出一定的规律,优化第二产业,重点发展第三产业,持续创新、品牌构建等成为学界的共识。

三、内容结构与研究方法

(一)内容结构

本书以山东省渔业产业为研究对象,对发展现状、发展水平、面临困境、战略环境、影响因素、战略选择、战略措施等进行研究,主要内容包括以下方面。

第一章:绪论。主要介绍了本书的研究背景与依据、目前国内外的研究动态、内容结构与研究方法,并阐述了本书的创新之处。

第二章:相关理论基础。界定了渔业产业及其分类,又对渔业产业转型升级的相关理论进行了阐述,包括产业转型升级的概念、渔业产业结构调整和转型升级的路径,最后对渔业产业转型升级战略的相关概念及理论进行了论述。

第三章:山东省渔业产业发展现状分析。主要从渔业产业总体发展状况、渔业基础设施与技术推广、渔业产业发展存在的问题这三个方面对山东省渔业产业发展的现状进行了剖析。

第四章：山东省渔业产业发展水平评价。运用定量分析的方法，通过对统计年鉴等数据的分析处理，综合评价了山东省渔业产业总体发展水平以及山东省渔业产业年度发展水平。

第五章：山东省渔业产业转型升级面临的困境。结合前文的现状分析和发展水平评价，总结和归纳了山东省渔业产业转型升级的制约因素，以及所面临的困境，包括渔业产业结构层次低、渔业价值链低端化、渔业产业化水平和组织化程度较低、渔业产业创新能力不强、人力资本缺乏等问题。

第六章：山东省渔业产业转型升级战略环境分析。从外部环境和内部环境两个方面进行分析和阐述，外部环境包括自然资源环境、产业竞争环境、区域经济发展环境、渔业科技发展环境、渔业政策法律环境和社会文化环境；内部环境包括内部资源和内部能力，并运用 SWOT 分析方法对渔业产业发展的优势、劣势、机会和威胁进行了分析和总结。

第七章：山东省渔业产业转型升级的影响因素分析。运用实证分析的方法，借助 Eviews 6.0 软件，建立向量自回归（VAR）模型，对山东省渔业产业转型升级的影响因素进行分析。

第八章：山东省渔业产业转型升级的战略选择。基于前文的分析和阐述，总结出山东省渔业产业转型升级的战略目标和总体战略，并提出转型升级的战略选择，包括立体生态渔业发展战略、政用产学研协同创新战略、渔业产业价值链再造战略、渔业产业商业模式创新战略、渔业产业人力资源提升战略、"蓝色粮仓"发展战略，并进一步提出转型升级的战略路径，即通过渔业科技创新、"互联网＋"、"海陆统筹"和"价值链再造"共同推动产业转型升级。

第九章：山东省渔业产业转型升级的战略措施。根据前文提出的山东省渔业产业转型升级战略，提出战略实施的具体措施，包括加强渔业资源和生态保护，实现可持续发展，完善渔业装备和基础设施建设，合理提升政府支持力度，政策和资金投入相结合，优化渔业产业结构，提升渔业价值链，提高渔业产业化水平和组织化程度，提升渔业科技创新能力和人力资本供给。

第十章：结语。主要介绍了本书的研究结论。总结了研究的不足之处，并提出了研究的下一步展望。

（二）研究方法

（1）文献归纳法。

通过大量的文献阅读，深入了解国内外对产业转型升级理论和战略以及渔业产业转型升级理论的相关研究，分析了多种产业升级路径和模式，归纳出研究的主要论点和可供借鉴之处，从而找出当前研究的不足，并提出自己的观点。

（2）案例分析法。

通过对目前山东省渔业产业发展现状进行分析，总结出产业转型升级面临的困境，指出存在的不足之处，并提出改进方案，为推动山东省渔业产业转型升级提供有益借鉴。

（3）定量与定性相结合的方法。

构建渔业产业发展水平评价指标体系进行定量分析，对山东省渔业产业的总体发展水平和年度发展水平做出相对合理的测度分析；使用 SWOT 模型进行定性分析，确定山东省渔业产业发展所面临的机会和威胁，以及山东省所具有的优势和劣势，为产业发展战略确立合理的分析基础。

（4）理论研究与实证分析相结合的方法。

结合理论研究，总结经验规律，通过对历年的统计数据进行整理汇总，运用向量自回归模型（VAR）进行实证分析，证明渔业流通和服务水平、渔业加工水平、政府支持力度和渔业科研创新水平四方面因素对渔业产业转型升级的影响效果，为战略设定提供了方向，最终确立山东省渔业产业发展的战略方向，以及战略实施所需各项保障措施。

（5）经验总结法。

通过研究国外相关制度、措施，与自身进行对比，得出国内外可供借鉴的转型升级经验，为山东省渔业的转型升级探求新方向。

四、论文的创新之处

① 将"产业结构调整与优化与价值链升级"两个研究视角相结合，构建了较为全面的研究体系。对山东省渔业产业转型升级的研究，大多数学者一般选择从"产业结构调整与优化"的角度进行。笔者认为，随着"价值链升级"的理念在产业转型升级研究领域的盛行，基于这一视角对山东省渔业的

转型升级战略进行探讨有其现实意义。

②　提出了渔业产业转型升级的战略目标、战略选择、战略路径和战略措施。相对于其他研究渔业产业的文献，本书提出了渔业产业转型升级的战略，包括战略目标、战略选择、战略路径和战略措施，尤其是立体生态渔业发展战略、政用产学研协同创新战略，渔业产业价值链再造战略、渔业产业商业模式创新战略、"蓝色粮食"发展战略这六条具体战略选择和以渔业科技创新、"互联网＋"、"海陆统筹"和"价值链再造"推动产业转型升级四条战略路径的提出，作为本书的一个创新之处，完善了对渔业产业转型升级战略的研究。

第二章

相关理论基础

一、渔业产业及其分类

（一）渔业与渔业产业

渔业活动自古有之，渔业不仅为居民生活提供了食物，也为地区建设提供了工业原料，是国民经济的重要部门之一。就山东省而言，作为沿海地区，水产品是居民的主要食物之一，近年来，渔业经济总产值占到全省 GDP 的 6% 左右，其对于山东省经济和社会的影响力不言而喻。

渔业产业有狭义和广义之分，狭义的渔业产业有时又被称为"水产业"，包括水产捕捞业、水产养殖业、水产增殖业和水产加工业，是指依托渔业水域和渔业机械等资源，通过捕捞、养殖、增殖或者加工水域生物，以获得最终水产品的生产部门。广义的渔业产业不仅包括狭义渔业产业中提到的几类，还包括渔用机具制造业、渔用饲料业、渔用药业、渔用建筑业、水产流通仓储运输业和休闲渔业等。本书研究的渔业产业，使用的是广义的渔业产业概念。

（二）渔业产业分类

渔业产业根据分类方法的不同，可以分为多种类型。

（1）按照发展演变路径，渔业产业可分为原始渔业、传统渔业、现代渔业。在渔业发展演变的过程中，渔业工具逐渐现代化，渔业作业范围逐渐扩大，渔业产出实现了质的飞越。

（2）按照水域属性，渔业产业可分为海水渔业、淡水渔业。海水渔业从近海逐渐走向远洋，从浅水逐渐发展到深水，从捕捞逐渐发展到养殖，淡水渔业则从简单原始的捕捞，逐渐发展出多种类别的养殖业。

（3）部分地区按照作业类型，将渔业产业分为远洋渔业、近海渔业、沿岸渔业、内水面渔业。各种渔业产业的作业地点不同，作业方式各有差异，生产形式多种多样。

二、渔业产业转型升级理论

（一）产业转型升级的概念

近年来，"转型升级"作为热门词汇频繁见诸新闻、公文中，学术研究界也多有涉猎，然而对"转型升级"的概念却并未出现过明确的界定。

简单来说，转型（transformation）的含义就是发生"转变"或"变换"，这一概念最早出现在工程领域，直到 20 世纪 80 年代，学者才将其引入经济和管理领域，并在宏观层面提出了国家经济转型，在微观层面提出了企业转型等相关"转型"概念。

随着新经济概念、模式出现的速度日渐加快，"转型"一词出现的频率越来越高，各个领域、层面的转型逐渐成为人们关注的热点。但在学术研究中，"转型"一词至今尚没有统一的定义。Adans（1984）曾将"转型"定义为在思考和行为上彻底且完全的改变，以创造出一个不可恢复、与先前不连续的系统。

在李嘉图比较优势理论的基础上，波特（1990）运用国家竞争优势理论的观点，从宏观的角度，对产业升级进行研究，认为当资本、技术比起劳动力等其他的资源相对而言更加充足的时候[52]，资本密集型产业和技术密集型产业就会更加具有优势。

"产业升级"的概念就是由此产生的。国内最早研究产业升级的学者是吴崇伯，他理解阐释的产业升级是"产业结构的调整和升级换代"，即将劳动密集型产业与行业淘汰向技术密集型与知识密集型的产业和行业转变。这种"产业结构的调整"理论就是国内对"产业升级"概念的最早理解。进入 20 世纪 90 年代以后，国内的学者才开始更多地研究"产业结构升级"相关的问题。

在我国的经济发展过程中，传统产业一直扮演着十分重要的角色，但随着科技的发展与全球的产业水平不断提高[53]，我国传统的劳动力优势已逐渐消失，传统产业中的劳动密集型产业面临技术革新带来的转型升级压力。刘志彪等（2000）由此重新理解了产业升级的概念，认为产业升级是指产业由低技术、低附加值状态，向高新技术、高附加值状态的演变，包括各产业间的资源转移、产业内低效与高效企业间的资源转移[54]。

通常认为，对产业转型含义的理解，有狭义的产业转型和广义的产业转型之分。狭义的产业转型，即淘汰落后衰退的、没有竞争力的产业，转而培育发展新的产业，换句话说就是用新的产业替代旧的产业，使得产业结构类型发生变化，带来产业升级的过程。广义的产业转型不仅仅是新产业的出现和旧产业的退出这么简单，而是在实现结构转化和升级的过程中，还包括了伴随产业转化升级过程中所发生的体制变革、劳动力转移以及技术产生的创新和环境发生的改善等[55]。

根据渔业产业的发展进程来看，产业转型的概念，不仅仅是简单地替换掉发展相对滞后，行业逐渐衰退的渔业产业，而是一个涉及经济、社会、生态、法律等各方面的系统的转型，是一场社会性的整体变革升级。因此，本书在研究山东省的渔业产业转型时是从广义的角度来理解产业转型的内容。渔业产业转型升级是指将渔业从完全依赖渔业自然资源的开采和加工，通过科技、资金、政策等途径的引导和带动，升级产业技术，提升产业质量，优化产业结构，创新产业领域，从而实现渔业产业的良性和持续发展。

（二）渔业产业结构调整

产业结构是指同一层次产业间的比例关系和相互关联。产业结构不是一成不变的，伴随着产业的发展和不断扩张，产业结构也随之不断调整和升级[56]。

产业结构的调整，应当遵从产业演变的规律，在这个过程中，市场的需求、社会资源现状、政策环境以及贸易能力对产业结构调整起到了决定性作用。尽管不同的产业之间有不同的经济表现和特征，但是影响产业结构调整的内在动因却具有一致性。

渔业产业结构是指渔业内部某层次产业间的相互联系及构成比例。伴随着渔业产业的不断发展、规模的不断扩大[57]和产业扩张，渔业产业结构也随之不断调整。从已经出现的渔业产业结构调整的现象来看，各国都具有内涵的一致性，渔业产业结构在适应市场变化的过程中，交易成本不断降低，社会资源得到了一定的合理配置。但是因为个体的趋利性，会产生"市场失灵"

的状况。政府为了纠正市场失灵,将渔业产业发展带回积极持续的产业发展道路上,会通过政策引导,改变市场错配的产业结构,推动渔业产业从业者按照市场的合理需求组织生产,使得产业结构的调整升级符合可持续发展的长远需求。总体来讲,渔业产业结构调整就是以市场导向为主要手段,政策辅助纠正资源错配的渔业产业动态变化过程。

通常情况下,市场需求、社会的资源状况以及产业的贸易能力对所有产业结构都具有普遍的影响力,但是在推动产业优化升级的过程中,政策的影响是决定产业结构调整能够合理化的关键因素。

一方面,政策环境决定了产业发展方向和优化路径,决定了产业从业者的行为方向,也就决定了产业的未来。这种方向,是产业未来盈利能力和经济效益的决定因素,是未来产业结构调整效果是否合理的关键所在。因此,产业政策创新必将带来产业结构调整,产业政策优化也必将带动产业结构向更合理的方向发展。

另一方面,政策环境能够起到其他因素无法起到的纠偏作用,资源的市场配置有时候会产生失灵的现象,其后果十分严重,会导致资源浪费、产业发展倒退等,特别是在环境保护方面,市场导向几乎无法对产业发展做出有效约束。因此,政策环境的影响在这方面就起到了无法替代的作用,通过政策引导、行政处罚、法律追责等途径,控制渔业产业经济发展的轨迹保持正常合理的方向,为市场的自然配置功能提供保障。

对于渔业产业结构调整,首先需要依赖市场手段,通过市场导向引导社会资源配置,平衡产业供给和需求,推动产业贸易,在渔业一、二、三次产业间进行合理配置和结构调控,尽量降低渔业产业成本,增加产业竞争力,提高产业效率。其次,需要借助政策手段,通过完善市场体系,培育市场秩序,明确市场关系,建立起合理有序的市场秩序,保证市场的作用能够得到充分发挥,通过环境保护政策约束,纠偏市场短视的引导和配置行为,保证环境的长期稳定和渔业产业的可持续发展。

市场与政策的有机结合,互相补充,一方面发挥了市场的配置功能,另一方面又弥补了市场引导的短视和盲目,是实现渔业产业结构调整,持续推动渔业产业经济向更合理、更优化、更深刻方向发展的必然选择。

(三)渔业产业转型升级的路径

渔业产业转型升级的路径选择,能够解决渔业第一、二、三产业如何良性发展的问题,面对已有的三种产业现状,正确的转型升级路径能够为产业发展提供巨大的推动力。

(1)第一产业转型升级路径。

第一产业的转型升级,首先是推动产业内部升级,通过渔业现代化,对养殖、捕捞产业的设备、技术进行更新,降低劳动力占用比例,提高生产效率。通过大力发展生态产业,提高捕捞、养殖产业的可持续发展能力,提高捕捞、养殖产业的产量和规模,提高第一产业的盈利能力。

同时,推动第一产业向第二、三产业转型升级,通过第一产业的内部升级,降低劳动力占用量,引导剩余劳动力进入第二、三产业,为第二、三产业的发展提供充足的人力资源。

渔业第一产业的发展是二、三产业发展的基础,通过第一产业的转型升级,能够为二、三产业的发展提供人力、原材料、资金等多方面的资源,促进第二、三产业的发展。

(2)第二产业转型升级路径。

第二产业的转型升级,也是通过两条途径进行,首先是进行产业的内部升级。一方面通过产业集聚,形成规模效应[58],形成产业合力,提升产业的对外竞争力;另一方面产业企业向微笑曲线两端攀升,从低附加值的简单生产制造向品牌构建、品质建设、产业设计开发等方向发展,提升产业附加值和盈利能力。

其次是引导第二产业向第三产业发展。一方面第二产业的发展首先要求能够提供大量高素质的产业工人,然后能够完成资本的原始积累,为第三产业发展提供资金投入并且能够通过培育市场,为第三产业的发展创造有利条件,这也是产业转型升级的必经之路;另一方面生产型企业自身逐渐向服务型企业转变,通过身份转换,完成产业升级。

(3)第三产业转型升级路径。

推动渔业第三产业转型升级是整个渔业产业转型升级的最终目标,也是整个渔业产业不断创新发展的关键所在。

首先是第三产业内部需要进行持续的产业升级,走创新发展的道路,通过创新,发现新的服务领域,创造新的服务方式,探寻新的盈利模式,不断制造第三产业转型升级的增长点。

其次是通过第三产业的发展,推动产业融合,打通三种产业之间的界限,将捕捞、养殖、生产加工、文化、休闲、竞技、旅游等多个产业多种形态整合到一起,打造综合性的服务产品,形成融合型的新产业。

三、渔业产业转型升级战略理论

产业转型升级必须依从明确的战略方向,在产业发展过程中,明确合理的战略设定能够有效地带动产业发展向优化、升级和可持续的方向前进。通常战略设定都会在相对较长的时间内生效,但是随着产业进步发展,也需要根据现实情况进行战略重构,防止产业战略出现阻碍产业发展的问题。

(一)产业发展战略

产业发展是一个过程,是从产业的产生、成长直到不断进化的过程,这个过程不但包括了单一产业的成长进化,也包括了所有产业的总体,也就是整个国民经济的成长进化过程。

产业发展战略就是通过研究产业发展,总结出具有全局性的规律。产业发展战略的制定,需要从产业全局出发,分析构成产业发展的各要素之间的关系,找出影响产业发展的关键影响因素,进而做出具有针对性的决策。

对产业发展战略进行分类,可以将其分为初级产品出口发展战略、轻工业优先发展战略和重工业优先发展战略;也可以分为进口替代战略、出口促进战略和进口替代与出口促进相结合的发展战略,以及平衡发展战略与非平衡发展战略。

(1)初级产品出口战略、轻工业优先发展战略和重工业优先发展战略。

① 初级产品出口战略。初级产品出口战略是一种外向型的产业发展战略,顾名思义,初级产品出口战略就是发展中国家利用国内丰富的自然资源,向其他国家出口农产品或自然资源类的原材料产品,来促进本国对外贸易的产业战略,这种产业战略多发生在发展中国家的初级阶段,他们不具有其他产业内的优势,只能依靠丰富的自然资源及简单的劳动密集型产业。因为初级产品出口附加值低,推动初级产品出口战略会导致产业经济一直处于全球价值链的低端,虽然不需要太多的资本和技术积累就能够推动产业发展,在产业发展初期确实可以快速进行原始积累,但是从长远来看,仍然需要进行战略转换。

② 轻工业优先发展战略。当一个地区或国家的资金积累并不充足,科技及人才储备也不够雄厚,但是初级产品出口已经无法满足地区或国家需求

的时候,就应该采取轻工业优先发展的策略,从国际上来看,产业发展顺序通常都是农业——轻工业——重工业,这也是大多数国家采用的产业发展战略。

轻工业优先发展战略能够快速的推动产业升级,完成社会经济的原始积累,带动产业结构合理演变,是推动产业发展的合理途径。

③ 重工业优先发展战略。虽然早期的发达国家都是采用了由轻工业向重工业逐步推进的道路,这也符合一般经济规律,但是在某些特定的情况下,也有一些国家或地区制订了优先发展重工业的产业发展战略。优先发展重工业的战略决策重视重工业和基础工业的发展[59],推动工业结构发生明显变化和门类齐全的工业体系形成[60]。

但是重工业属于资本密集型产业,必须依靠大量的投资,需要整个社会不断地资源积累,在不具备发展重工业条件的前提下,重工业优先发展会直接导致社会物资短缺,人民生活困难,因此,重工业优先发展战略是需要一定社会经济基础的产业发展战略。

（2）进口替代战略、出口促进战略和进口替代与出口促进相结合的战略。

① 进口替代战略。进口替代战略是一种内向型的产业战略,通过将工业品进行国内化生产,来替代进口国际上的同类型产品,通过持续的进口替代,带动国内其他关联产业的发展,推动国内工业的发展,最终实现工业化的目标。

进口替代战略必须辅之以国家政策的保护,虽然进口替代是一种主动的、长期的工业化战略,加强了一些发展中国家的经济自立程度,可以增加就业,培养管理和技术人才,为进一步发展创造了条件[61],但是因其不合理的资源配置方式,也会影响经济发展速度和持续发展潜力。

② 出口促进战略。出口促进战略是十分典型的外向型产业发展战略,出口促进战略能够更有效地配置资源,提高生产效率,其特点是充分利用国际市场,发展面向出口的产业,将产品投向国际市场,通过出口工业产业的发展,替代农矿产品等初级产品的出口,逐渐完成工业化进程。

出口促进战略更多遵循市场规律,利用国际市场进行合理的资源配置,能够快速带动国内经济发展,但同时也面临着无法建立完整工业体系的问题,出口促进战略导向的产品会严重依赖国际市场,经济增长速度较快但是整体结构并不合理。

③ 进口替代与出口促进相结合的战略。多年的发展过程表明，单纯的进口替代战略或者单纯的出口促进战略效果并不全面，因此很多国家在实践中，采取了进口替代与出口促进相结合的战略，或是以进口替代为主，或是以出口促进为主。

这种战略不但注重国内产业的自主生产，自力更生，也认识到国内市场容量有限，产业发展受到制约等问题，转而布局出口战略，一方面依靠国内的生产能力，另一方面有效参与国际市场竞争，降低成本，合理配置资源，不断开拓国际市场，促进国内产业发展。

（3）平衡发展战略与非平衡发展战略。

① 平衡发展战略。平衡发展战略是指国民经济中的各个部门之间协同发展，互相配合，齐头并进，这种战略主要是为了防止在工业化过程中出现贫困的恶性循环。平衡发展一方面强调大规模的投资，另一方面强调各部门的均衡发展，以期解决供给和需求的困难和矛盾。

但是平衡发展战略过于依赖宏观调控，特别是在发展中国家，仅仅依靠市场资源配置，无法做到各部门均衡发展，必须通过国家机器进行资源整合以及按比例分配，因此平衡发展战略从理论走向实践很少能够成功。

② 非平衡发展战略。虽然平衡发展战略的理论结果十分美好，但是在实践中，绝大多数国家都没有充足的资源进行大规模投资，只能将有限的资源集中起来，进行有针对性的利用，推动特定的产业和地区率先发展起来，通过带动效应，激活周边相关产业，实现经济发展。

但是布局非平衡发展战略需要对先发产业做出精准的设定，如何从众多产业部门中选出特定的产业进行投资和刺激，非平衡发展是否能够带动相关产业的发展，都需要做深入研究以及充分论证。

（二）渔业产业发展战略

渔业产业发展战略也是基于普遍的产业发展战略演化而来，仍然遵循产业发展战略的制定和演变规律。

自我国划分三大产业以来，渔业产业的底子薄，基础差，在产业发展初期，只具有原始的捕捞能力，并且捕捞现代化程度较低。面对现实困境，各地多采取了不平衡发展战略，通过引导刺激特定领域的渔业产业，带动地区渔业的全面发展。

基于不平衡发展战略理论，各地区的产业发展战略各有不同，纷纷提出"捕捞现代化",提高捕捞能力和渔具现代化水平;"发展特色养殖",因地因品种制宜;推动"海水增养殖",耕海牧渔,建设海洋渔场;促进"水产品加工"产业,建立门类齐全的现代化水产加工体系[62]等渔业发展战略,选取具有地方特色和相对优势的产业进行布局,推动特定产业优先发展,进而带动地区渔业产业全面发展。早期的战略设定多积聚于第一产业,并且取得了良好的效果,在改革开放之后的20多年间,全国水产品捕捞产量自1979年的306万吨上升到2005年的1 683万吨,养殖产量从1979年的125万吨快速上升到2005年的3 417万吨,我国成功实现了渔业增长方式的第一次历史性转变——从以捕捞为主向以养殖为主的转变[63]。

各地的不平衡发展战略,在初期多倾向于初级产品出口战略和出口促进战略,河北省的外向型渔业发展战略推动水产品对外贸易呈现新的发展态势,水产品对外贸易的总量不断增加,养殖产品出口增势强劲[64]。大力推动水产品捕捞和养殖产业,推动水产品出口产业,带动地区渔业发展。同时期的其他地区也多采用了对外贸易促进的产业战略方向。

随着产业资本积累,各地也逐渐开始制定发展水产品加工业战略,提高产业深加工能力,提升产品附加值,从传统的发展捕捞养殖产业向水产品加工以及加工贸易产业发展。这一时期,国家制定了"十一五"规划,渔业发展战略将"促进水产增长方式转变"和"水生生物资源养护"作为新的战略方向,引导产业布局和发展。

在此基础上,各地转变渔业发展方式,普遍从引导发展第一产业,转向对第二、三产业的引导促进,从非平衡发展战略,向第一、二、三产业平衡发展战略过渡。在贸易方面,开始适当控制水产品出口,鼓励水产品进口,重点放在培育高附加值的品种上[65],以保护国内自然资源;在第二产业发展方面,鼓励水产品精深加工产业,促进水产流通业发展,推动水产品加工业的创新。在第三产业的发展战略构架方面,江苏省在20世纪90年代就已经提出了"娱乐型渔业"的战略发展方向,之后各地针对休闲渔业逐渐具有了较为明晰的战略方向,通过积极发展游钓渔业、渔家乐、渔业文化旅游、竞技比赛等产业项目,整合各地特质资源,希望能够提高渔业综合效益。

总体来讲,我国的渔业发展战略经历,既是从首先发展捕捞、养殖业的不平衡发展战略阶段,到第一、二、三次产业协调发展,齐头并进的平衡发展战略阶段的转变,也是从提倡出口创汇的出口促进战略阶段,到保护国内水生资源,控制水产品出口,鼓励水产品进口的进出口平衡战略的阶段的转变,还是从初级产品出口战略,到工业化战略的转变。

(三)渔业产业转型升级战略

中国渔业产业的发展过程中,产业发展战略不断变更,随之带来的,就是渔业产业的转型升级,通过产业的转型升级,实现战略构想,达到战略目的。但是国内从宏观方面进行渔业产业转型升级战略研究的文章并不多见,搜索"渔业产业转型升级战略"能够得到的有效检索结果凤毛麟角,但是相关方面的研究仍然能够对渔业产业转型升级战略提供一些有益思路。

在对捕捞业的研究中,楼加金提出了具有针对性的转型升级战略,他们将转型升级战略的重点定位于捕捞工具现代化、捕捞渔业集群化和多元化[66],通过经营体制创新、质量体系建设和三产综合发展来保障转型战略的实施。在渔业及海洋产业方面,刘超杰等为浙江省的渔业产业升级提供了一套"多元复合解"战略,把多种孤立的单一措施组合成"套餐式"战略,从而实现海洋渔业产业结构优化升级和海洋渔业经济效益的提升[67],从海洋渔业优化升级、产业链向微笑曲线两段攀升、加强品牌建设和品牌营销、政策支持等四个方面为渔业产业升级提出了解决方案。盛朝迅则对我国海洋产业转型升级的战略进行了分析,他认为,海洋产业转型的关键在于增强创新驱动发展能力,需要通过培育壮大海洋产业新增长点,推动传统海洋产业提质增效,促进海洋服务业快速发展来促进海洋产业转型升级,提升产业核心竞争力[68]。

在渔业产业转型升级过程中,各地虽然具体政策多有不同,但是核心具有相似性,都是以提高产业结构层次、提升产业附加值为目的。以"科技兴渔"战略为支点,以全产业的"现代化"为实施途径,进行产业结构的再构架,提升第一产业的水产品总量及种类,提升第二产业的附加值水平,提升第三产业的服务能力和盈利能力。

在这个过程中,"科技兴渔战略"带来的创新能力不断推动产业升级,是产业优化、结构调整和渔业产业新增长点出现的动力。

"现代化捕捞战略"快速推动了中国的第一产业发展,无论是内河捕捞,还是近洋、远洋捕捞,都得益于该战略的引导。在几十年间,我国的渔具现代化水平显著提高,捕捞能力大大增加;"现代化养殖战略"在推进水产品产量增加、种类丰富的过程中起到了十分重要的作用,通过不断更新的养殖技术,新的养殖水产品种类不断出现,极大地满足了市场需求,丰富了水产加工业产品线,优化了第一产业的产业结构。

"水产品精深加工"战略推动水产加工业不断向更低成本、更高附加值和更高生产效率发展,极大地提升了我国水产品的竞争力;"品牌建设战略"、"产业集群战略"也在提升我国水产加工业竞争能力、提高附加值等方面起到了十分重要的作用,极大地促进了第二产业的转型升级。

"生态渔业战略"是保证我国渔业健康科学发展的战略途径[69],"休闲渔业战略"则是第三产业发展的催化器,这些战略在促进渔业第三产业结构升级方面也起到了不可或缺的作用。通过这些战略的实施,渔业资源得到了有效保护,渔业产业开发有了可持续发展的保障,一、二、三次产业间的桥梁被打通,渔业资源通过有效整合,综合利用,产业结构逐渐合理,自我优化、自我升级的良性循环开始出现。

第三章
山东省渔业产业发展现状分析

　　本章笔者将从渔业资源、渔业产业结构、渔业产业增加值、渔业产业发展水平四个方面,对山东省渔业产业总体发展状况进行分析,并介绍了山东省渔业基础设施与技术推广水平,继而总结出山东省渔业产业发展存在的问题,力求为后文提出山东省渔业产业转型升级战略提供事实依据。

　　在分析过程中,利用《中国渔业统计年鉴》等统计年鉴及统计网站的数据进行说明,主要参考年限为 2014 年,历年数据主要参考年限为 2005 年至 2014 年。

一、渔业产业总体发展状况

(一)渔业资源

　　山东附近海域地理条件优渥,日照充足,因此水产品资源十分丰富,且种类繁多。全省海洋生物 900 余种,其中海水鱼类 230 余种,虾类 30 余种,蟹类 60 余种,贝类 400 余种,藻类 170 余种。海洋生物中具有经济价值的有 600 余种,其中较重要的经济鱼类近 30 种,经济虾蟹类 20 余种,经济贝类 20 余种,经济藻类 50 余种。海水水产品中,对虾、扇贝、鲍鱼、刺参、海胆等海珍品的产量均居全国首位。另外,山东还有淡水鱼虾类 70 余种,其中主要经济鱼虾类 20 余种(见表 3-1)。

表 3-1　山东省水产品资源情况

获得方式	水产品种类	2014 年产量(吨)	主要品种
海水养殖	鱼　类	160 752	鲈鱼、鲆鱼、大黄鱼、美国红鱼、河鲀、石斑鱼、鲽鱼等
	甲壳类	135 859	南美白对虾、斑节对虾、中国对虾、日本对虾、梭子蟹、青蟹等
	贝　类	3 697 128	牡蛎、鲍、螺、蚶、贻贝、扇贝、蛤、蛏等
	藻　类	662 784	海带、裙带菜、紫菜、江蓠、羊栖菜等
	其他类	142 584	海参、海胆、海蜇等
淡水养殖	鱼　类	1 375 994	青鱼、草鱼、鲢鱼、鳙鱼、鲤鱼、鲫鱼、鳊鲂、泥鳅、鲶鱼、鲴鱼、黄颡鱼、鳟鱼、短盖巨脂鲤、黄鳝、鳜鱼、池沼公鱼、银鱼、鲈鱼、乌鳢、罗非鱼、鲟鱼等
	甲壳类	77 876	罗氏沼虾、青虾、克氏原螯虾、南美白对虾、河蟹等
	贝　类	2 133	河蚌、螺、蚬等
	其他类	8 053	龟、鳖、蛙等
	观赏鱼	25 054(万尾)	
海洋捕捞	鱼　类	1 630 501	海鳗、鳀鱼、沙丁鱼、石斑鱼、鲷、白姑鱼、黄姑鱼、鲵鱼、大黄鱼、小黄鱼、梅童鱼、玉筋鱼、带鱼、梭鱼、鲐鱼、鲅鱼、鲳鱼、马面鲀、竹荚鱼、鲻鱼等
	甲壳类	262 450	毛虾、对虾、鹰爪虾、虾姑、梭子蟹、青蟹、蟳等
	贝　类	175 522	
	藻　类	1 485	
	头足类	126 337	乌贼、鱿鱼、章鱼等
	其他类	100 899	海蜇等
远洋渔业		365 042	金枪鱼、鱿鱼等
淡水捕捞	鱼　类	94 903	
	甲壳类	12 412	
	贝　类	4 242	
	其他类	426	丰年虫等

数据来源:《中国渔业统计年鉴》2015

(二)渔业产业结构

2014 年,山东省渔业三次产业产值占总产值比重分别为 43.2%、33.4% 和 23.3%,渔业第一产业所占比重仍然较大,且纵观山东省历年渔业经济产业结构,渔业第一产业所占比重整体保持上升趋势,渔业第二、三产业近几年来呈下降趋势(见图3-1)。

产业机构的发展情况再次表明,虽然渔业三次产业产值逐渐上升,但渔业第二、三产业发展速度跟不上渔业第一产业发展速度,地区渔业经济发展对渔业第一产业的依赖程度过高,因此山东省渔业经济产业结构尚有较大转型升级的空间,对渔业第二产业,尤其是渔业第三产业尚需强劲推进。

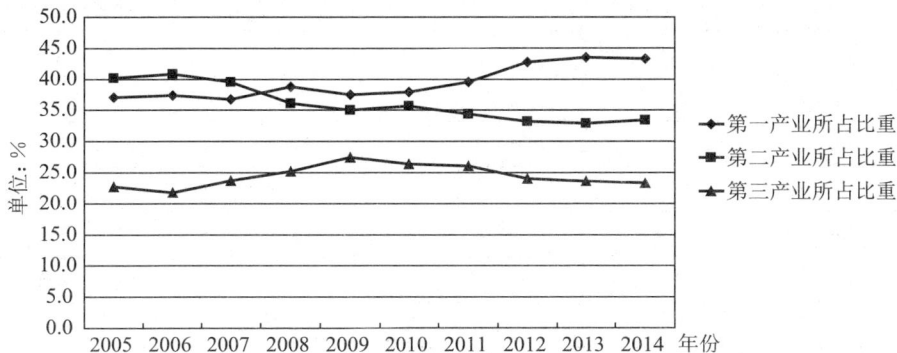

图3-1 山东省历年渔业产业结构动态变化情况
数据来源:《中国渔业统计年鉴》2006～2015

(三)渔业产业增加值

近几年来,山东省渔业经济增加值逐年上涨。2014年,全省渔业经济增加值1 723.6亿元,约占全国的17.7%,同比增长5.5%;其中渔业增加值946亿元,约占全国的15.5%,同比增长5.6%;渔业工业与建筑业增加值397.3亿元,约占全国的22.3%,同比增长3.8%;渔业流通和服务业增加值379.8亿元,约占全国的20.8%,同比增长6.8%。(见图3-2)

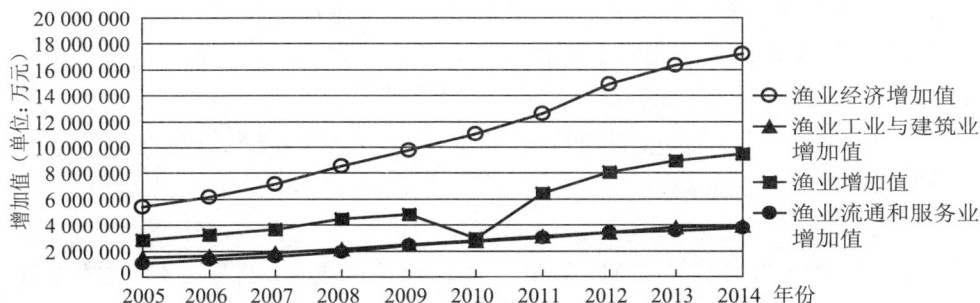

图3-2 山东省历年渔业经济增加值情况
数据来源:《中国渔业统计年鉴》2006～2015

山东省渔业经济增加值虽然逐年上涨,增加值增幅却在降低(见表3-2),且渔业第二产业增加值增幅历年来一直不高。渔业经济增加值反映了渔业经济利润水平,可见,山东省渔业经济利润水平虽然逐年增长,但是涨幅却呈现下降态势,产业发展渐露疲态。

表3-2　山东省渔业经济增加值增幅

山东省　　年　度	渔业经济增加值增幅(%)	渔业增加值增幅(%)	渔业工业与建筑业增加值增幅(%)	渔业流通和服务业增加值增幅(%)
2005	12.0	10.5	29.8	−3.7
2006	13.9	12.2	7.2	28.5
2007	15.5	14.3	15.4	18.3
2008	20.1	21.2	16.4	22.1
2009	14.4	8.4	15.5	27.2
2010	12.6	−38.3	11.8	12.2
2011	14.6	115.3	13.0	10.5
2012	18.1	25.3	8.5	12.9
2013	9.6	11.1	11.8	3.9
2014	5.5	5.6	3.8	6.8

数据来源:《中国渔业统计年鉴》2006～2015

(四)渔业产业发展水平

(1)渔业产业产值。

近年来,在经济整体呈现缓慢复苏的国内外环境下,山东省凭借得天独厚的区位优势和资源优势,再加上政府对渔业生产的重视,渔业产业保持了良好的发展态势,渔业经济总产值连续超过十年排在全国首位。2014年,山东省渔业经济总产值3 590.1亿元,约占山东GDP的6%,约占全国渔业经济总产值的17.2%。

伴随着地区生产总值的快速提高,渔业经济总产值虽然也有稳步提升(见图3-3),但是在地区生产总值中所占比重历年来却呈现下降趋势,且山东渔业经济总产值在全国渔业经济总产值中所占比重也波动下降,尤其是从2012年到2014年的近三年里,两个比重数值持续走低(见图3-4),这充分说明渔业在山东经济发展中所起到的作用并不理想,山东省渔业发展不仅无法跟上全省经济发展速度,而且不能在全国渔业经济发展中保持优势地位。

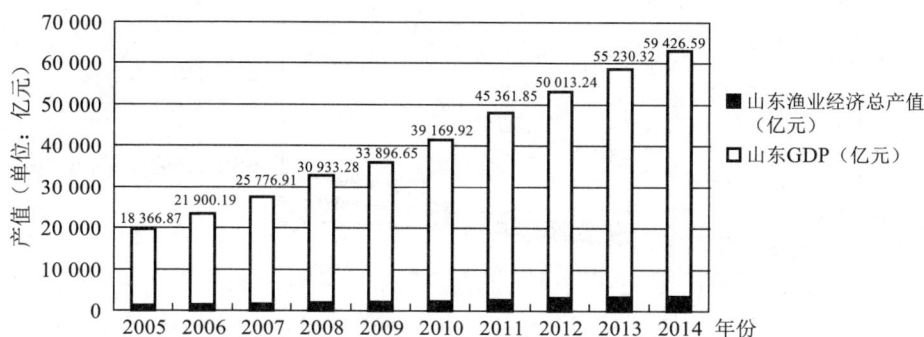

图 3-3 山东省历年渔业经济总产值及 GDP 情况

数据来源:《中国渔业统计年鉴》2006～2015,国家统计局网站

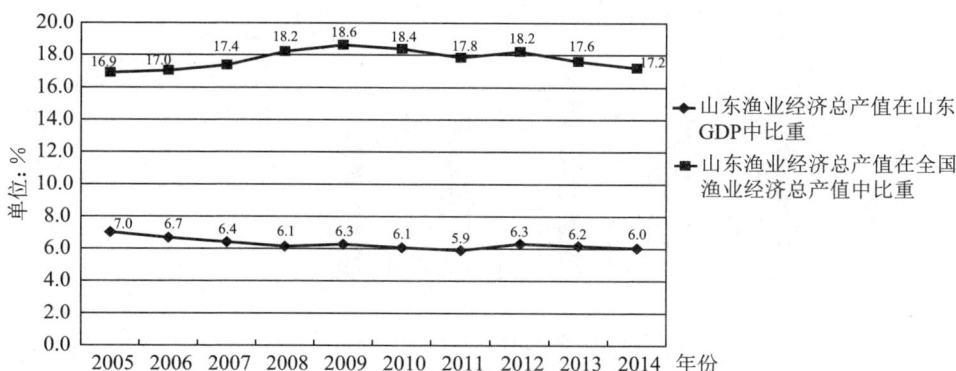

图 3-4 山东省历年渔业经济总产值占比情况

数据来源:《中国渔业统计年鉴》2006～2015,国家统计局网站

近年来,山东省渔业经济总产值持续增加,其中渔业第一、二、三产业产值以及增幅水平排序为第一产业＞第二产业＞第三产业(见图 3-5)。2014年,全省渔业经济总产值 3 590.1 亿元,约占全国的 17.2%,同比增长 5.4%;其中渔业产值 1 552.3 亿元,约占全国的 14.3%,同比增长 4.7%,渔业产值占农业产值比重为 16.1%;渔业工业与建筑业产值 1 200.9 亿元,约占全国的 24.6%,同比增长 7.3%;渔业流通和服务业产值 837 亿元,约占全国的 16.3%,同比增长 4%。渔业经济总产值、渔业产值、渔业工业与建筑业产值三项指标,山东省均排在全国首位;渔业流通和服务业产值指标,山东省排在全国第二位,略低于广东省(见图 3-6)。可见,山东省渔业第三产业产值水平和增幅均低于渔业第一、二产业,是转型升级的战略重点。

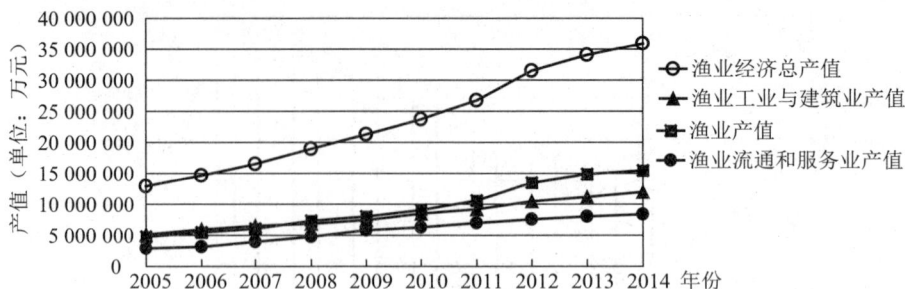

图 3-5　山东省历年渔业经济产值情况

数据来源:《中国渔业统计年鉴》2006～2015

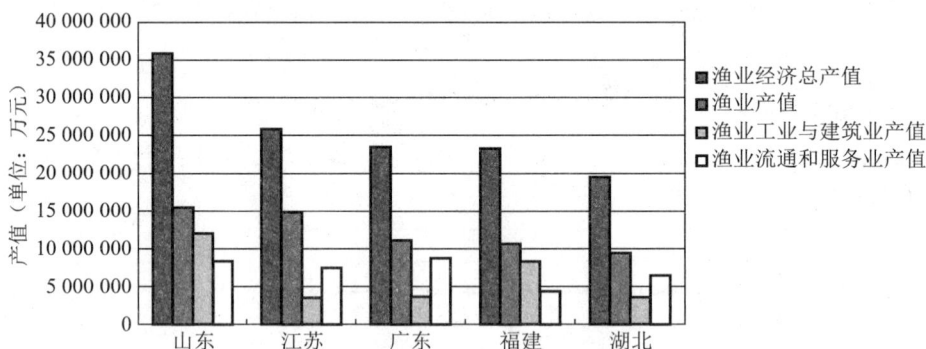

图 3-6　2014 年排名前五省份渔业经济产值情况

数据来源:《中国渔业统计年鉴》2015

2014 年,山东省海水养殖产值 820 亿元,排在全国首位;淡水养殖产值 250.1 亿元,排在全国第七位;海洋捕捞产值 392.5 亿元,排在全国首位;淡水捕捞产值 19.1 亿元,排在全国第五位;水产苗种产值 70.5 亿元,排在全国第三位。水产品加工产值 921.1 亿元,排在全国首位;渔用机具制造产值 124.5 亿元,排在全国首位;渔用饲料产值 23.3 亿元,排在全国第八位;渔用药物产值 0.8 亿元,排在全国第六位;渔业建筑产值 90.4 亿元,排在全国首位。水产流通产值 581.2 亿元,排在全国第三位;水产(仓储)运输产值 94.4 亿元,排在全国首位;休闲渔业产值 89 亿元,排在全国首位。

可见,在全国各地区中,山东省海水养殖、海洋捕捞、水产品加工、渔用机具制造、渔业建筑、水产(仓储)运输产值水平较高,水产苗种、水产流通产值水平略低,淡水养殖、淡水捕捞、渔用饲料和药物产值水平存在较大弱势。从产值构成情况来看,水产品加工、海水养殖、水产流通、海洋捕捞产值在渔业经济总产值中占比最大,都超过了 10%;其次是淡水养殖、渔用机具制造、水产（仓储）运输、渔业建筑、水产苗种，占比在 2%～7% 之间；产值占比最小的是渔用饲料、淡水捕捞、渔用药物，均不足 1%（见图 3-7）。

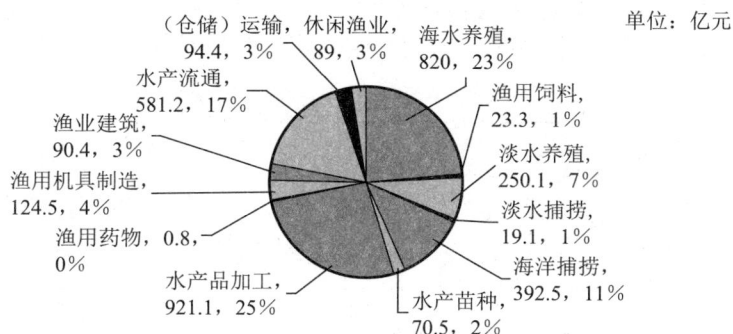

图 3-7 2014 年山东省渔业经济产值构成情况
数据来源：《中国渔业统计年鉴》2015

（2）渔业产业产量。

近年来，山东省水产品总产量水平有上下轻微波动，但自 2007 年起至今，山东省水产品总产量整体保持增长态势，其中养殖业产量节节攀升，捕捞业产量增长中偶有下浮（见图 3-8）。2014 年，全省水产品总产量达 903.7 万吨，同比增长 4.7%；其中养殖业产量 626.3 万吨，同比增长 3.3%；捕捞业产量 277.4 万吨，同比增长 7.9%；海水养殖产量 479.9 万吨，同比增长 5%；淡水养殖产量 146.4 万吨，比上年减少 2%；海洋捕捞产量 229.7 万吨，比上年减少 0.8%；远洋渔业产量 36.5 万吨，同比增长 222.9%；淡水捕捞产量 11.2 万吨，比上年减少 21.3%。

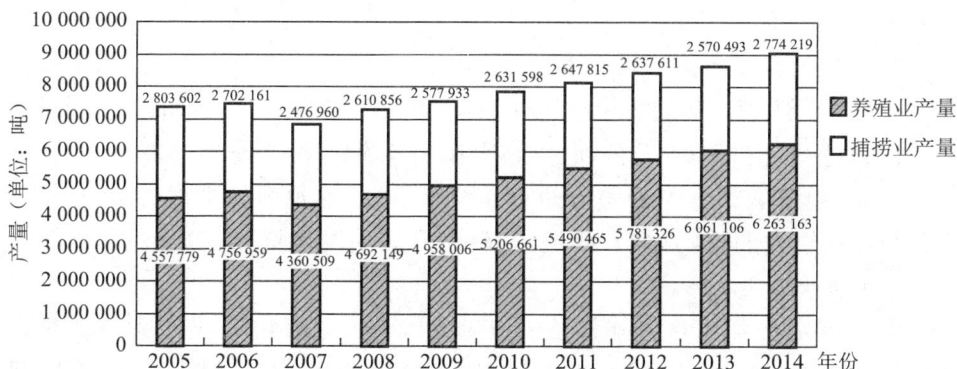

图 3-8 山东省历年水产品产量情况
数据来源：《中国渔业统计年鉴》2006～2015

近年来,全省水产品总产量虽然整体见增,远洋渔业产量更是实现巨幅增长,但淡水养殖以及海洋捕捞产量都略有减少,淡水捕捞产量明显下降。如表 3-3 所示,山东省淡水养殖业发展略显劣势,海洋捕捞和淡水捕捞进入瓶颈期,产业进一步发展遇到了困难,这也是转型升级的战略重点。

表 3-3 山东省历年水产品产量情况

山东省 \ 年度	水产品总产量(吨)	养殖业产量(吨)	海水养殖产量(吨)	淡水养殖产量(吨)	捕捞业产量(吨)	海洋捕捞产量(吨)	远洋渔业产量(吨)	淡水捕捞产量(吨)
2005	7 361 381	4 557 779	3 580 294	977 485	2 803 602	2 680 834		122 768
2006	7 459 120	4 756 959	3 735 008	1 021 951	2 702 161	2 574 098		128 063
2007	7 127 665	4 567 831	3 535 277	1 032 554	2 559 834	2 358 908	86 558	114 368
2008	7 303 005	4 692 149	3 613 510	1 078 639	2 610 856	2 383 213	98 000	129 643
2009	7 535 939	4 958 006	3 814 304	1 143 702	2 577 933	2 370 891	78 700	128 342
2010	7 838 259	5 206 661	3 962 643	1 244 018	2 631 598	2 350 888	149 814	130 896
2011	8 138 280	5 490 465	4 134 775	1 355 690	2 647 815	2 384 444	127 993	135 378
2012	8 418 937	5 781 326	4 362 443	1 418 883	2 637 611	2 363 321	134 982	139 308
2013	8 631 599	6 061 106	4 566 350	1 494 756	2 570 493	2 315 178	113 062	142 253
2014	9 037 382	6 263 163	4 799 107	1 464 056	2 774 219	2 297 194	365 042	111 983

数据来源:《中国渔业统计年鉴》2006～2015

注:2005 年和 2006 年数据的统计年鉴中,海洋捕捞产量和远洋渔业产量未分开统计,统称为海洋捕捞产量;2007 年数据之后的统计年鉴中,海洋捕捞产量单指近海捕捞产量。

(3)渔业养殖面积。

近十年来,山东省水产养殖面积在 2007 年达到最低点,2007 年之后,水产养殖空间整体保持增长态势(见图 3-9)。2014 年,山东水产养殖面积达 83.51 万公顷,约占全国 10%,排在全国第二位,位于辽宁省之后;其中海水养殖面积 54.85 万公顷,约占全国的 23.8%,排在全国第二位,位于辽宁省之后;淡水养殖面积 28.66 万公顷,约占全国的 4.7%,排在全国第九位。

可见,山东省在水产养殖方面存在差距,海水养殖面积不占优势,淡水养殖面积存在较大弱势,且增长缓慢,是转型升级的发展重点。

(4)渔业加工。

山东省水产加工产量水平在全国遥遥领先。2014 年,山东省水产加工品总量 674.1 万吨,同比增长 8.94%,约占全国的 32.8%,排在全国首位,且几乎是第二位省份的两倍。其中淡水加工品 9.2 万吨,约占水产加工品总

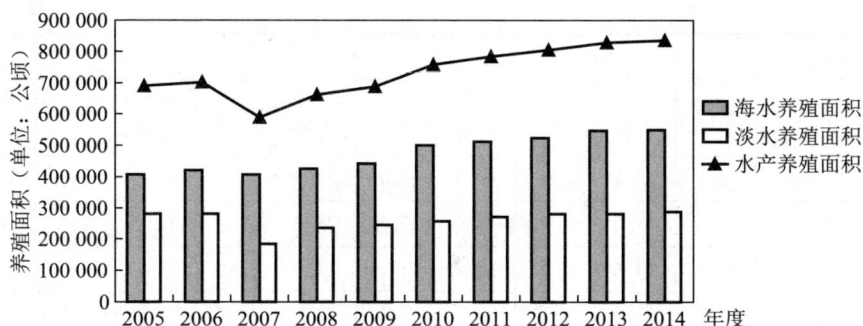

图 3-9 山东省历年水产养殖面积情况

量的 1.4%,排在全国第十一位;海水加工品 665 万吨,占水产加工品总量的 98.6%,排在全国首位。

水产冷冻品 469.4 万吨,占水产加工品总量的 69.6%,排在全国首位;其中冷冻品 248 万吨,占水产加工品总量的 36.8%,排在全国首位;冷冻加工品 221.4 万吨,占水产加工品总量的 32.8%,排在全国首位。鱼糜制品及干腌制品 74.2 万吨,占水产加工品总量的 11%,排在全国第二位,略低于福建省。藻类加工品 38.9 万吨,占水产加工品总量的 5.8%,排在全国第二位,略低于福建省。罐制品 12 万吨,占水产加工品总量的 1.8%,排在全国首位。鱼粉 27.3 万吨,占水产加工品总量的 4.1%,排在全国首位。鱼油制品 5.6 万吨,占水产加工品总量的 0.8%,排在全国首位。其他水产加工品 46.7 万吨,占水产加工品总量的 6.9%,排在全国第二位,位次在江苏省之后(见表 3-4)。

表 3-4 2014 年各地区水产品加工产量情况

全国排名		1		2		3		4		5
项目 / 地区	地区	数量(万吨)	地区	数量(万吨)	地区	数量(万吨)	地区	数量(万吨)	地区	数量(万吨)
水产加工品总量	山东	674.1	福建	312.7	浙江	228.3	辽宁	228.1	江苏	161.8
淡水加工品	湖北	94.2	江苏	89.3	广东	38.3	江西	34.5	海南	20.1
海水加工品	山东	665.0	福建	297.4	辽宁	224.6	浙江	217.1	广东	102.2
水产冷冻品	山东	469.4	浙江	175.4	辽宁	165.2	福建	159.0	广东	87.6
冷冻品	山东	248.0	浙江	118.6	福建	82.4	辽宁	46.4	江苏	39.5
冷冻加工品	山东	221.4	辽宁	118.8	福建	76.6	浙江	56.8	广东	49.4
鱼糜制品及干腌制品	福建	77.5	山东	74.2	湖北	49.9	浙江	23.9	广东	21.9

全国排名	1		2		3		4		5	
项　目　\　地　区	地区	数量（万吨）	地区	数量（万吨）	地区	数量（万吨）	地区	数量（万吨）	地区	数量（万吨）
鱼糜制品	福建	42.5	山东	40.3	湖北	24.7	浙江	11.7	广东	11.2
干腌制品	福建	35.0	山东	34.0	湖北	25.2	浙江	12.2	广东	10.7
藻类加工品	福建	39.6	山东	38.9	辽宁	24.4	江苏	2.4	浙江	2.3
罐制品	山东	12.0	福建	6.9	浙江	4.7	广东	4.6	湖北	3.9
鱼粉	山东	27.3	浙江	18.99	广东	9.1	福建	7.4	辽宁	7.0
鱼油制品	山东	5.6	福建	3.3	浙江	0.7	广西	0.2	湖南	0.1
其他水产加工品	江苏	86.4	山东	46.7	福建	19.0	广东	17.5	辽宁	12.7

数据来源:《中国渔业统计年鉴》2015

可见,山东省水产品加工以海水产品加工为主,加工方式以冷冻这种初加工为主,水产冷冻品、罐制品、鱼粉、鱼油制品加工产量水平较高,鱼糜制品及干腌制品、藻类加工品产量水平略低。

山东省水产品加工企业、冷库在数量和加工能力方面在全国都是名列前茅。全省水产加工企业数量1 865个,约占全国19.3%,排在全国第二位,略少于浙江省;水产加工企业加工能力9 354 819吨/年,排在全国首位,比第二位省份高出一倍有余;规模以上水产加工企业数量664个,约占全国24.2%,排在全国首位,比排名二、三、四位的省份高出近一倍。水产冷库数量2017个,约占全国23.4%;水产冷库冻结能力334 029吨/日,水产冷库冷藏能力2 007 245吨/次,水产冷库制冰能力81 394吨/日,水产冷库的各项指标都排在全国首位(见表3-5)。

可见,山东省水产品加工企业数量虽不是全国最多的,但水产品加工能力是全国最强的,规模以上水产加工企业数量全国最多,且水产冷库数量、冻结能力、冷藏能力、制冰能力都是全国最多、最强的。

表3-5　各地区水产品加工企业和冷库情况

全国排名	1		2		3		4		5	
项　目	地区	数量	地区	数量	地区	数量	地区	数量	地区	数量
水产品加工企业数量(个)	浙江	2 151	山东	1 865	福建	1 193	广东	1 085	江苏	1 011

项　目 ＼ 全国排名	1		2		3		4		5	
	地区	数量	地区	数量	地区	数量	地区	数量	地区	数量
水产品加工能力（万吨／年）	山东	935.5	福建	451.4	辽宁	295.1	浙江	287.1	广东	245.3
规模以上水产加工企业数量（个）	山东	664	福建	411	辽宁	378	浙江	333	江苏	332
水产冷库数量（座）	山东	2 017	浙江	1 449	江苏	1 134	福建	776	辽宁	642
水产冷库冻结能力（万吨／日）	山东	33.4	湖北	8.7	辽宁	6.8	浙江	4.2	江苏	3.6
水产冷库冷藏能力（万吨／次）	山东	200.7	浙江	88.9	辽宁	66.3	福建	41.5	广东	28.8
水产冷库制冰能力（万吨／日）	山东	8.1	浙江	2.8	江苏	2.6	海南	2.2	辽宁	1.8

数据来源:《中国渔业统计年鉴》2015

（5）渔业对外贸易。

山东省水产品进出口总额和总量都在全国排在前列。2014 年,山东省水产品进出口总额 760 460.04 万美元,约占全国的 24.6%;进出口总量 2 568 191 吨,约占全国的 30.4%;进出口总额和总量均居全国首位。出口额 483 589.46 万美元,约占全国的 22.3%,排在全国第二位,仅次于福建;出口量 1 169 501 吨,约占全国的 28.1%,排在全国首位。进口额 276 870.59 万美元,约占全国的 30.1%;进口量 1 398 689 吨,约占全国的 32.7%;出口额和出口量均居全国首位。（见表 3-6）

表 3-6　2014 年各地区水产品对外贸易情况

项　目 ＼ 全国排名	1		2		3		4		5	
	地区	数量	地区	数量	地区	数量	地区	数量	地区	数量
水产品进出口总额（亿美元）	山东	76.0	福建	62.0	广东	47.5	辽宁	45.4	浙江	24.1
水产品进出口总量（万吨）	山东	256.8	辽宁	179.2	福建	126.5	广东	104.4	浙江	64.9
出口额（亿美元）	福建	54.9	山东	48.4	广东	32.7	辽宁	28.9	浙江	21.2
出口量（万吨）	山东	117.0	福建	79.4	辽宁	77.8	浙江	49.8	广东	48.2
进口额（亿美元）	山东	27.7	辽宁	16.4	广东	14.8	上海	11.2	福建	7.1

项　目 \ 全国排名	1		2		3		4		5	
	地区	数量	地区	数量	地区	数量	地区	数量	地区	数量
进口量(万吨)	山东	139.9	辽宁	101.4	广东	56.2	福建	47.1	上海	22.8

数据来源:《中国渔业统计年鉴》2015

可见,山东省出口水产品多以低值水产品为主,量虽大但价值不高,进口则以高值水产品为主,量大且价高。

(6)休闲渔业。

山东省 2014 年的休闲渔业产值超过 100 亿元,已形成较为成熟的休闲渔业配套产业,钓具、游艇制造等休闲渔业产业的发展走在全国前列。其中聚集在烟台、青岛、威海等地大量的造船企业,为山东省休闲渔业的发展提供了产业方面的有力支撑。目前,在山东省内的国家级休闲渔业示范基地已有 27 处,省级休闲渔业示范园区建成 72 处,省级休闲渔业示范点设立 110 处,另有省级休闲海钓示范基地 15 处及省级内陆休闲垂钓基地 10 多处。

休闲海钓方面,2014 年,山东省新认定 1 处省级休闲海钓示范基地和 20 处省级休闲海钓场,新建各类休闲海钓船舶 150 艘,投放生态型鱼礁 9.3 万空方。2014 年山东省参与海钓的总人次超过 78 万人次,因休闲海钓带动的各类休闲渔业产业总收入达到 7.7 亿元。

为了鼓励休闲渔业产业发展,山东省对省级休闲渔业示范园区进行专项扶持,从省级渔业示范园区资金中列出专门资金,给予每个园区 30 万的专项资金支持。2014 年,山东省财政又将列出 5 000 万资金专项扶持发展休闲海钓产业,带动相关企业陆续投资 1.8 亿元配套投放恋礁鱼、调查垂钓基地礁区情况和进行休闲海钓相关的基础设施建设。威海市设立了专门的项目资金,并出台了《威海市鼓励休闲渔业产业发展资金奖励办法》,《办法》自 2015 年开始实施,对休闲渔业产业的重点项目进行连续 3 年的重点支持,并在全省地级市中首次规定对验收达标的项目进行资金奖励,其中对验收达标的综合性休闲渔业基地项目每个奖励 20 万～30 万元,对达标的海上游钓区及河边池塘垂钓区项目每个奖励 10 万～20 万元,对达标的陆地池塘垂钓区项目每个奖励 10 万～15 万元。日照市也成立财政专项资金奖励 20 家获评市级休闲渔业示范园的企业(单位)。

山东省将旅游观光、竞技体验、餐饮娱乐等因素整合融入休闲渔业的概念中,通过"好客山东"这个休闲品牌平台,充分发挥各地优势,在临沂、日照、烟台、威海等地,进行了一系列的活动宣传和赛事推广,仅2014年,山东省就举办了超过一百场的海钓、湖钓等各类垂钓赛事,吸引了大量垂钓爱好者来到山东,成功打造出"渔夫垂钓"的品牌。同时,通过与各地电视台、平面及网络媒体合作,山东省的休闲渔业产业得到了大量的跟踪报道,社会知名度、美誉度以及认可度也越来越高。

根据以往推动休闲渔业产业发展的经验,山东省对6种休闲渔业模式进行重点推动和扶持,带动休闲渔业产业持续健康发展。一是基于养殖的休闲垂钓产业模式,这种产业模式以现有的养殖企业、渔业养殖户等为基础,进行产业开发,分布范围较广、额外投入较少、经济见效较快。二是较为单纯的休闲垂钓产业模式,这类型的产业企业大多是原养殖单位转型形成,相对规模较小、成本普遍较低、更加容易经营。三是基于运动赛事的垂钓产业模式,这种产业模式多依托于各类垂钓赛事,将餐饮及休闲娱乐综合开发,目标客户群体针对性较强,产业整体的建设水平较高。四是基于海上休闲旅游的垂钓产业模式,这种产业模式主要依托于一些渔港、码头(含游艇码头)以及人工鱼礁等,通过海上游钓的形式进行推广,相对投入较高,需要码头、游船等相关的配套设备设施以及相关的安全设施。五是基于民俗文化的休闲旅游模式,通过将渔业文化和渔民习俗、当地风情整理融合,将渔业文化与当地的特色景观、旅游项目有机融合,这种产业模式的起点较高、投资较大、综合收益较好。六是综合性的渔家乐产业模式,渔家乐模式需要依托特定的环境资源,通过体验式的休闲旅游,能够将自然风光、娱乐休闲、餐饮购物融为一体,大多都建立在海边、湖区等水资源相对丰富的地区。

二、渔业基础设施与技术推广

(一)渔业基础设施与装备水平

2014年,山东省新建人工鱼礁*区26处,共有人工鱼礁区175处;创建国家级3处、省级海洋生态文明示范区10处;拥有省级现代渔业园区146处;拥有原良种场67处,其中国家级水产原良种场12个,成为全国拥有国家级

---

* 人工渔礁是在水域环境中人为设置构造物,诱集并增殖水域生物,可以修复和改善水域生态环境,保护水域生物,增殖和提高渔获量。

水产原良种场最多的省份;拥有渔港 22 个,其中沿海中心渔港 11 个,沿海一级渔港 10 个,内陆重点渔港 1 个,渔港总数和沿海中心渔港总数均列全国首位;拥有国家级水产种质资源保护区 38 个,总数排在全国第二位。(见表 3-7)

表 3-7   各地区渔业基础设施情况

全国排名 项 目 (单位:个)	1		2		3		4		5	
	地区	个数	地区	个数	地区	个数	地区	个数	地区	个数
国家级水产原良种场	山东	12	湖北	10	江苏	7	浙江	6	广东	5
渔 港	山东	22	浙江	21	福建	21	广东	19	江苏	12
沿海中心渔港	山东	11	浙江	9	福建	8	江苏	6	海南	6
沿海一级渔港	浙江	12	福建	12	广东	11	山东	10	辽宁	7
内陆重点渔港	湖北	4	湖南	4	黑龙江	3	安徽	3	四川	3
国家级水产种质资源保护区	湖北	62	山东	38	江苏	30	四川	30	湖南	27

数据来源:《中国渔业统计年鉴》2015

可见,山东省海水渔业基础设施较为完善,但淡水渔业基础设施建设水平较低,且对水产种质资源的保护力度稍弱,今后还需加强建设。

作为渔业最主要生产机械的渔船,其拥有数量、吨位、功率的大小,也直接制约着渔业经济的发展。2014 年,山东省渔船年末拥有总量为 108 234 艘,总吨位为 1 169 127 吨,总功率为 2 518 974 千瓦。机动渔船拥有量为 71 359 艘,排在全国第二位;总吨位为 114 954 吨,排在全国第二位;总功率为 2 518 974 千瓦,排在全国第三位。生产渔船拥有量为 70 905 艘,总吨位为 1 110 661 吨,总功率为 2 416 020 千瓦,排在全国第二位;其中捕捞渔船拥有量为 51 959 艘,总吨位为 1 037 436 吨,总功率为 2 137 242 千瓦,排在全国第二位;养殖渔船拥有量为 18 946 艘,总吨位为 73 225 吨,总功率为 278 778 千瓦,排在全国第二位。辅助渔船拥有量为 454 艘,排在全国第十位,总吨位为 39 293 吨,排在全国第五位,总功率为 102 954 千瓦,排在全国第六位;捕捞辅助渔船拥有量为 346 艘,排在全国第十位,总吨位为 31 754 吨,排在全国第六位,总功率为 55 925 千瓦,排在全国第六位;渔业执法船拥有量为 99 艘,排在全国第二十位,总吨位为 7 432 吨,排在全国第二十四位,总功率为 4 6241 千瓦,排在全国第十九位。非机动渔船拥有量为 36 875 艘,排在全国第四位,总吨位为 19 173 吨,

排在全国第六位。（见表3-8）

表3-8　渔船年末拥有量情况

指标 项目	山东省			全　国		
	艘	总　吨	千　瓦	艘	总　吨	千　瓦
渔船合计	108 234	1 169 127	2 518 974	1 065 319	10 704 316	22 275 528
一、机动渔船年末拥有量	71 359	1 149 954	2 518 974	686 766	10 214 416	22 275 528
1. 生产渔船年末拥有量	70 905	1 110 661	2 416 020	657 974	9 176 606	20 181 127
（1）捕捞渔船年末拥有量	51 959	1 037 436	2 137 242	446 171	8 352 777	17 771 956
（2）养殖渔船年末拥有量	18 946	73 225	278 778	211 803	823 829	2 409 171
2. 辅助渔船年末拥有量	454	39 293	102 954	28 792	1 037 810	2 094 401
（1）捕捞辅助渔船年末拥有量	346	31 754	55 925	25 340	865 195	1 510 436
（2）渔业执法船年末拥有量	99	7 432	46 241	2 301	76 784	485 589
二、非机动渔船年末拥有量	36 875	19 173	N/A	378 553	489 900	N/A

数据来源:《中国渔业统计年鉴》2015

可见,山东省渔船拥有量水平并不高,辅助渔船尤其是渔业执法船拥有量更是被许多省市远远抛在身后。渔业辅助渔船主要指从事加工、贮藏、运输、补给、渔业执法等渔业辅助活动的渔业船舶,对渔业发展的重要作用不言而喻。辅助渔船数量的不足,充分说明山东省在渔业装备水平上距离"渔业强省"还存在一定差距。

（二）渔业技术推广水平

截至2014年,全省拥有水产技术推广机构1 232个,约占全国水产技术推广机构的8.3%,排在全国第三位;水产技术推广机构经费14 504.48万元,约占全国水产技术推广机构经费的7.2%,排在全国第三位。

水产技术推广人员实有人数3 549人,约占全国水产技术推广人员的8.4%,排在全国首位。其中技术人员2 725人,排在全国首位,约占水产技术推广人员的76.8%;本科及以上学历技术人员1 024人,排在全国首位,约占技术人员的37.6%;高级职称技术人员199人,排在全国第二位,约占技术人员的7.3%。

水产技术推广机构示范基地 166 个,约占全国的 4.5%,排在全国第八位;示范基地养殖面积 26 086 公顷,约占全国的 14.4%,排在全国第二位;示范基地育苗水体 1 027 056 立方米,约占全国的 8%,排在全国第三位。

水产技术推广机构淡水项目实施受益农户 54 338 户,约占全国的 2.8%,排在全国第十一位;指导面积 110 178 公顷,约占全国的 3.9%,排在全国第九位。水产技术推广机构海水项目实施受益农户 22 160 户,约占全国的 14.2%,排在全国第二位;指导面积 119 366 公顷,约占全国的 25.4%,排在全国首位。

水产技术推广机构渔民技术培训 1 940 期,约占全国的 5.5%,排在全国第四位;培训人数 160 154 人,约占全国的 7.1%,排在全国第四位。(见表3-9)

可见,山东省水产技术推广机构数量不多,推广经费不足,推广人员中技术人员所占比例不大,技术人员中本科及以上学历、高级职称人员占比不高,水产技术推广示范基地严重缺乏,水产技术推广机构项目实施的收益不明显,水产技术推广机构渔民技术培训期数与培训人次相对较少,整体来说,水产技术推广进行情况一般,还具有较大上升空间。

表 3-9　各地区渔业技术推广情况

全国排名 项　目	1		2		3		4		5	
	地区	数量	地区	数量	地区	数量	地区	数量	地区	数量
水产技术推广机构(个)	四川	1 555	湖南	1 525	山东	1 232	江西	1 180	广东	1 076
水产技术推广机构经费 (亿元)	江苏	1.9	四川	1.6	山东	1.5	浙江	1.2	吉林	1.1
水产技术推广人员(人)	山东	3 549	四川	3 529	江苏	2 944	湖南	2 912	湖北	2 758
技术人员(人)	山东	2 725	四川	2 677	江苏	2 401	湖南	2 207	广西	1 890
本科及以上学历(人)	山东	1 024	江苏	605	四川	575	广东	565	浙江	494
高级职称技术人员 (人)	江苏	276	山东	199	黑龙江	191	吉林	176	四川	159
水产技术推广示范基地 (个)	四川	552	湖南	503	湖北	299	广东	280	江苏	259
示范基地养殖面积 (万公顷)	湖南	2.7	山东	2.6	福建	2.1	江苏	1.3	江西	1.2
示范基地育苗水体 (万立方米)	广东	435.7	安徽	130.0	山东	102.7	河南	93.5	四川	67.5

水产技术推广机构项目实施										
淡水项目受益农户（万户）	湖北	29.0	江苏	26.8	四川	25.1	重庆	17.5	湖南	16.5
淡水项目指导面积（万公顷）	广东	41.1	江苏	33.0	安徽	30.4	湖北	28.3	黑龙江	21.6
海水项目受益农户（万户）	福建	6.2	山东	2.2	江苏	1.7	浙江	1.4	广东	1.3
海水项目指导面积（万公顷）	山东	11.9	福建	6.6	广东	5.0	江苏	4.9	天津	4.6
水产技术推广机构渔民技术培训（期）	湖北	13 913	江苏	4854	四川	2 385	山东	1 940	湖南	1 238
培训人数（万人次）	湖北	74.1	江苏	32.9	四川	21.6	山东	16.0	湖南	14.9

数据来源:《中国渔业统计年鉴》2015

三、渔业产业发展存在的问题

（一）渔业经济增长方式比较落后

渔业经济增长方式为粗放型,渔业经济的增长完全依靠对渔业资源的不断索取,比较落后。虽然采取了一定的措施,试图保证渔业产业的可持续发展,但是从根本上仍然没有摆脱依靠自然资源获取渔业经济增长的旧模式。

在渔业经济发展的过程中,渔业产品产量增长逐渐乏力,近洋、内河渔业资源趋于枯竭,产量增长受到制约,放流增殖短期内只能在一定程度上保证产量,却无法达到恢复生态、持续提升产量的目的。第二、三产业多通过规模扩张实现产业经济总量增长,随着人工成本的不断增加,粗放增长的方式在全球化的价值链中竞争力逐渐降低,盈利能力也不断下降,无法支持渔业经济的长期可持续发展。

（二）渔业产业结构失衡

渔业产业结构失衡,渔业第一产业占比较大,地区渔业经济发展对渔业第一产业的依赖程度过高,相对而言,渔业第二、三产业发展滞后,发展速度跟不上渔业第一产业的发展速度。

产业结构失衡使得产业发展面临巨大的困难,一方面,第一产业的相对强势束缚了大量的劳动力,将其限制在渔业第一产业内部,长期从事着低附加值、低技术含量、高劳动强度的工作,不利于满足第二、三产业的人力资源需求,无法为第二、三产业提供充足的高素质劳动力;另一方面,较为发达的第一产业占据了大量的产业资源,资金、技术等都逐渐向第一产业聚集,无法为第二、三产业的发展提供充足的资本和技术积累,无法满足渔业第二、三产业的发展需求;最后,第一产业相对发达,不能够有效地带动第三产业的发展,产业之间的促进转化作用不明显,产业结构失衡,无法形成市场内部的自发调整。

(三)渔业产业布局不合理

渔业产业布局不合理,表现在产业布局单一化、分散化,渔业生产和加工以家庭式小作坊为主,渔业龙头企业较少,经营分散,难以集聚形成产业合力。

渔业产业布局需要有政策层面的统一规划和引导,现阶段存在的问题就在于无法形成社会合力,多依赖于企业、产业的单打独斗,没有长远的产业规划,造成了产业布局分散的难题。单个企业或产业的发展,由于所处地位的局限性,必然存在一定的战略短视,一定程度上阻碍了更高层面的长期规划和布局,使得社会资源被大量浪费,产业的发展面临很多现实阻碍。

(四)渔业产业组织化程度低

渔业产业组织化程度低,表现在渔业产业组织多为生产主导型,未形成以市场为导向的产业化经营方式,市场需求不能够得到有效满足。

渔业产业的组织化程度较低带来的直接结果就是产业发展无法得到市场认可,各产业提供的产品并不能够完全适应社会需求,产业内部根据市场组织生产的意识相对淡薄,更加偏向于有什么生产能力就提供什么样的产品,而不是通过了解终端需求、组织企业生产。

组织化程度较低严重阻碍了产业的快速发展,产品与市场脱节导致产业积累减缓,市场接受程度变差,从长期来看,严重影响了产业跟随市场发展的能力。

(五)渔业产业发展速度与规模不科学

渔业产业发展速度与规模过于关注数量和规模,追求短期利益最大化,忽视了产业的长期可持续发展能力以及产业品质控制。

产业规模扩大短期来看具有十分明显的作用,单纯追求数量、规模的扩大化,虽然能够带来短期的经济效益,但是长期来看,环境资源无法承受产业规模的快速扩张,各种自然资源逐渐枯竭;单一品种、低附加值产品的大规模扩张,更加拉低了产业盈利能力,恶化了产业竞争环境;产业盈利能力直接限制了从业人员的收入水平,不利于持续改善渔业从业人员的生活水平;单纯追求规模和速度的扩张,降低了产业发展对科技的依赖,不利于产学研结合,降低了产业的造血能力。

(六)渔业产业利润水平低

渔业三次产业利润水平较低,直接影响了产业的积累能力和自我升级能力。水产品精深加工水平低,导致水产品附加值降低。第二产业作为产业结构调整的重要一环,较低的利润率影响了产业自身的持续发展能力,使得企业无法有效推动第三产业的发展;作为渔业第三产业的渔业流通和服务业发展缓慢,又导致第三产业的劳动密集型企业较多,渔业价值链低端化,产业创新不足;三次产业的利润水平较低,也打击了资本和技术进入渔业产业的积极性,影响了三次产业中资本密集型产业和技术密集型产业的发展,最终导致三次产业结构的调整缓慢。

第四章
山东省渔业产业发展水平评价

本章通过建立指标评价体系,根据统计年鉴数据进行实证分析,对山东省渔业产业发展水平进行综合评价,力求为后文提供数据支撑。在评价过程中,主要利用各种统计年鉴及统计网站的数据进行说明。评价过程分为两个方向,横向比较的是 2013 年沿海 11 省市的渔业发展水平,据此评价了山东省渔业产业的总体发展水平;纵向比较的是 2004～2013 年十年间山东省渔业产业各方面发展的动态情况,据此评价了山东省渔业产业的年度发展水平。

一、渔业产业总体发展水平评价

我们统计的沿海省市包括天津、河北、辽宁、上海、江苏、浙江、福建、山东、广东、广西和海南,共计 11 个地区。现实中,沿海 11 省市地区是我国水产业发展的重要产区,据统计,2013 年我国沿海地区水产品产量约占全国水产品总量的 74.5%,水产品产值占全国总产值的 76% 以上。因此,选取沿海 11 省市的统计数据进行研究和分析,具有一定代表性。

本节将根据沿海 11 省市的统计数据,构建渔业产业发展水平评价指标体系,从渔业产业要素投入水平、渔业产业产出水平、渔业产业加工水平、渔业产业国际贸易水平、渔业产业管理水平、渔业技术推广水平、渔业产业灾害控制水平、渔民生活水平 8 个方面进行综合评价,具体得出 2013 年沿海省市渔业产业综合发展水平及上述 8 个方面指数得分,进而分析得出山东省渔业产业发展水平的具体评价。

（一）渔业产业发展水平评价指标体系构建

（1）数据选取。

指标的选取不但要求能科学、全面、合理地反映沿海省市渔业产业的实际发展水平，而且还要求体现出系统不同层面特点的次级指标定位准确。

本节在认真阅读和参考了国内外学者的相关研究成果，并充分考虑到沿海省市渔业产业的具体实际的前提下，搜集了大量统计数据，通过多次的筛选，最终确立和构建了包括渔业产业要素投入水平、渔业产业产出水平、渔业产业加工水平、渔业产业国际贸易水平、渔业产业管理水平、渔业技术推广水平、渔业产业灾害控制水平和渔民生活水平共 8 个方面的二级指标以及 32 个三级指标和 63 个四级指标的综合评价体系（见表 4-1），对沿海省市渔业产业发展水平进行定量测评。其中，部分指标解释如下。

养殖渔民人均养殖面积是水产养殖面积与渔业专门从业人员（养殖）数量之比；大马力捕捞渔船比例是 441 千瓦（含）以上捕捞渔船总数与捕捞渔船总数之比；单位水域面积水产养殖渔船总动力是养殖渔船总功率与水产养殖面积之比；渔业人口比重是渔业人口数量与地区年末总人口数量之比；渔业从业人员比重是渔业从业人员数量与地区年末总人口数量之比；渔业经济总产值 GDP 贡献率是渔业经济总产值与地区生产总值之比；劳均渔业产值是渔业产值与渔业从业人员数量之比；单位水域面积水产养殖产值是海水养殖产值和淡水养殖产值之和与水产养殖面积之比；水产品人均占有量是水产品产量与地区年末总人口数量之比；劳均水产品产量是水产品产量与渔业从业人员数量之比；单位水域面积水产养殖产量是水产养殖产量与水产养殖面积之比；渔业利润率是渔业增加值与渔业产值之比；渔业工业和建筑业利润率是渔业工业和建筑业增加值与渔业工业和建筑业产值之比；渔业流通和服务业利润率是渔业流通和服务业增加值与渔业流通和服务业产值之比；渔业加工利润率是渔业加工增加值与渔业加工产值之比；渔业加工行业集中度是地区渔业加工企业数量与全国渔业加工企业数量之比；规模以上水产加工企业占比是规模以上水产加工企业数量与地区渔业加工企业数量之比；水产品外贸依存度是进出口总额与地区生产总值之比，为了单位一致还要先用当年的平均汇率处理数据；每千名渔民拥有水产技术推广人员数量是推广人员数量与渔业从业人员数量／1 000 之比；渔民技术培训覆盖率是渔民技术培训人次与渔业从业人员数量之比；渔民家庭人均生活消费支出是渔民家庭生活消费支出与调查户家庭常住人员数量之比;渔民家庭恩格尔系数是渔民家庭伙食消费支出与渔民家庭总支出之比。

本节用于计算的原始数据主要来源于《中国渔业统计年鉴2014》与《中国统计年鉴2014》等相关统计资料。

表4-1　渔业产业发展水平评价指标体系

一级指标	二级指标	三级指标	四级指标	单　位	指标属性
渔业产业综合发展指数 A	渔业产业要素投入水平 B_1	水产养殖面积 C_1	水产养殖总面积在全国占比 D_1	%	正指标
			养殖渔民人均养殖面积 D_2	公顷/人	正指标
		渔船 C_2	渔船年末拥有数量在全国占比 D_3	%	正指标
			生产渔船年末拥有数量在全国占比 D_4	%	正指标
			大马力捕捞渔船比例 D_5	%	正指标
			单位水域面积水产养殖渔船总动力 D_6	千瓦/公顷	正指标
		水产苗种 C_3	水产苗种产值在全国占比 D_7	%	正指标
		渔业基础设施 C_4	国家级水产原良种场数量在全国占比 D_8	%	正指标
			渔港数量在全国占比 D_9	%	正指标
			国家级水产种质资源保护区数量在全国占比 D_{10}	%	正指标
		渔业固定资产投资 C_5	渔业固定资产投资总额在全国占比 D_{11}	%	正指标
			渔业固定资产投资总额在全社会固定资产投资总额中占比 D_{12}	%	正指标
		渔业劳动力 C_6	渔业人口比重 D_{13}	%	正指标
			渔业从业人员比重 D_{14}	%	正指标
	渔业产业产出水平 B_2	渔业产值 C_7	渔业经济总产值GDP贡献率 D_{15}	%	正指标
			劳均渔业产值 D_{16}	元/人	正指标
			单位水域面积水产养殖产值 D_{17}	万元/公顷	正指标
		渔业产业结构 C_8	渔业产值占渔业经济总产值比重 D_{18}	%	正指标
			渔业工业与建筑业占渔业经济总产值比重 D_{19}	%	正指标
			渔业流通和服务业占渔业经济总产值比重 D_{20}	%	正指标

续　表

一级指标	二级指标	三级指标	四级指标	单位	指标属性
渔业产业综合发展指数 A	渔业产业产出水平 B₂	渔业产量 C₉	水产品人均占有量 D_{21}	千克／人	正指标
			劳均水产品产量 D_{22}	千克／人	正指标
			单位水域面积水产养殖产量 D_{23}	吨／公顷	正指标
		渔业增加值 C₁₀	渔业利润率 D_{24}	%	正指标
			渔业工业与建筑业利润率 D_{25}	%	正指标
			渔业流通和服务业利润率 D_{26}	%	正指标
	渔业产业加工水平 B₃	渔业加工产值 C₁₁	水产品加工产值在全国占比 D_{27}	%	正指标
		渔业加工增加值 C₁₂	渔业加工利润率 D_{28}	%	正指标
		渔业加工量 C₁₃	水产品加工总量在全国占比 D_{29}	%	正指标
		渔业加工企业 C₁₄	渔业加工行业集中度 D_{30}	%	正指标
			规模以上水产加工企业占比 D_{31}	%	正指标
			水产加工企业加工能力在全国占比 D_{32}	%	正指标
		水产冷库 C₁₅	水产冷库数量在全国占比 D_{33}	%	正指标
			水产冷库冻结能力在全国占比 D_{34}	%	正指标
			水产冷库冷藏能力在全国占比 D_{35}	%	正指标
			水产冷库制冰能力在全国占比 D_{36}	%	正指标
	渔业产业国际贸易水平 B₄	水产品进出口 C₁₆	水产品外贸依存度 D_{37}	%	正指标
			水产品进出口总量在全国占比 D_{38}	%	正指标
		水产品进口 C₁₇	水产品进口依存度 D_{39}	%	正指标
			水产品进口总量在全国占比 D_{40}	%	正指标
		水产品出口 C₁₈	水产品出口依存度 D_{41}	%	正指标
			水产品出口总量在全国占比 D_{42}	%	正指标
	渔业产业管理水平 B₅	渔业管理机构 C₁₉	执法机构数量在全国占比 D_{43}	%	正指标
		渔业管理人员 C₂₀	渔政管理人数在全国占比 D_{44}	单位	正指标
			本科及以上渔政管理人员人数占比 D_{45}	%	正指标
			持渔业行政执法证人员人数占比 D_{46}	%	正指标
		渔业执法船 C₂₁	渔业执法船数量在全国占比 D_{47}	%	正指标

一级指标	二级指标	三级指标	四级指标	单　位	指标属性
渔业产业综合发展指数 A	渔业技术推广水平 B_6	水产技术推广机构 C_{22}	推广机构数量在全国占比 D_{48}	%	正指标
			推广机构经费投入在全国占比 D_{49}	%	正指标
		水产技术推广技术人员 C_{23}	每千名渔民拥有水产技术推广技术人员数量 D_{50}	人	正指标
			本科及以上技术推广员人数占比 D_{51}	%	正指标
			高级技术推广员人数占比 D_{52}	%	正指标
		水产技术推广机构培训 C_{24}	渔民技术培训覆盖率 D_{53}	%	正指标
	渔业产业灾害控制水平 B_7	直接经济损失 C_{25}	渔业灾情造成的直接经济损失在全国占比 D_{54}	%	负指标
		水产品损失 C_{26}	渔业灾情造成的水产品经济损失在全国占比 D_{55}	%	负指标
		渔业设施损失 C_{27}	(台风、洪涝)损毁渔业设施的经济损失在全国占比 D_{56}	%	负指标
		养殖面积损失 C_{28}	渔业灾情受灾养殖面积在全国占比 D_{57}	%	负指标
		人员损失 C_{29}	渔业灾情人员损失数量在全国占比 D_{58}	%	负指标
	渔民生活水平 B_8	渔民收入 C_{30}	渔民人均纯收入 D_{59}	元／人	正指标
		渔民家庭收入 C_{31}	渔民家庭人均纯收入 D_{60}	元／人	正指标
			渔民家庭人均可支配纯收入 D_{61}	元／人	正指标
		渔民家庭支出 C_{32}	渔民家庭人均生活消费支出 D_{62}	元／人	负指标
			渔民家庭恩格尔系数 D_{63}	%	负指标

（2）权重计算（熵值法）。

确定了渔业产业发展水平评价指标体系的各个具体指标后，下一步需要明确的是每一个指标对渔业产业发展水平的影响程度，即权重。权重的赋值是否合理，直接关系到评价结果是否科学，因此，选择正确的权重确定方法就显得尤为重要。

指标权重的确定方法有主观赋值法和客观赋值法之分[70]。主观赋值法如层次分析法（AHP法）、专家调查法（Delphi法）等，它们大多采用定性的方法，根据人为主观判断得到权重，客观性较差；客观赋值法有熵值法、主成分分析法、变异系数法等，测算依据来源于评价矩阵的实际数据，确定的指标权重更具备客观性。本节选择的权重确定方法即为客观赋值法中应用最为广泛的熵值法。

熵值法是通过计算指标数据的信息熵来确定指标数据权重的方法。在信息系统中，熵值是对不确定性的一种度量，计算指标的信息熵越小，其信息价值越高，指标权重也越大；反之，指标的权重越小。基于此，利用信息熵对系统进行测度，可以客观、全面地对系统做出评价。其具体计算方法如下：

① 原始数据标准化。在统计分析中，数据的无量纲化处理是很重要的一个环节，为了消除量纲上的影响，需要对评价指标的原始数据进行无量纲化处理[71]。目前常见的无量纲化处理方法主要有极差法、标准化法、均值法等，本节采用的是极差法，具体处理公式是：

在决策矩阵中 $X = (x_{ij})_{m \times n}$，

$$正向指标: y_{ij} = \frac{x_{ij} - \min_{1 \leq i \leq n} x_{ij}}{\max_{1 \leq i \leq n} x_{ij} - \min_{1 \leq i \leq n} x_{ij}} (1 \leq i \leq m, 1 \leq i \leq n) \qquad 式（4-1）$$

$$逆向指标: y = \frac{\max_{1 \leq i \leq n} x_{ij} - x_{ij}}{\max_{1 \leq i \leq n} x_{ij} - \min_{1 \leq i \leq n} x_{ij}} (1 \leq i \leq m, 1 \leq i \leq n) \qquad 式（4-2）$$

其中，X_{ij} 为无量纲标准值，x_{ij} 为被评价指标数据，$\max x_{ij}$ 和 $\min x_{ij}$ 为渔业产业各指标最大值与最小值。对于正向指标来讲，适用于正作用指标标准化公式，负向指标适用于负作用指标标准化公式。本节选取的 63 个指标中，共有 7 个指标为负向指标，分别为 D_{54}、D_{55}、D_{56}、D_{57}、D_{58}、D_{62}、D_{63}，其他指标均为正向指标。（见表 4-1）

② 计算第 U 项指标下第 B 个地区占该指标的比重 f_{ij}：

$$f_{ij} = \frac{x_{ij}}{\sum_{i=1}^{n} x_{ij}} (i = 1, 2, \cdots, n; j = 1, 2, \cdots, m) \qquad 式（4-3）$$

③ 计算第 j 项指标的信息熵 e_j：

$$e_j = -K \sum_{i=1}^{n} P_{ij} ln_{P_{ij}} (0 \leq e_j \leq 1) \qquad 式（4-4）$$

④ 计算信息效用值 d_j。信息熵 e_j 可用来度量第 j 项指标的信息效应值，当信息完全无序时，信息熵 $e_j = 1$，此时 e_j 对综合评价的效用值为 0。所以，第 j 项指标的信息效用值 d_j 取决于该指标的信息熵 e_j 与 1 之间的差值，即：

$$d_j = 1 - e_j \qquad 式（4-5）$$

⑤ 确定评价指标的权重 W_j。通过信息熵对各权重进行计算的实质是通

过该指标信息的价值系数来计算权重,价值系数越高,对评价结果的贡献越大,权重也越大[72]。第 j 项指标权重的计算公式为:

$$W_j = \frac{d_j}{\sum\limits_{i=1}^{n} d_j} (j = 1, 2, \cdots, n)$$
式(4-6)

根据熵值法,本节所构建的渔业产业发展水平评价指标体系的各个指标权重计算结果如表 4-2 所示。

表 4-2 指标权重计算结果

二级指标	二级权重	三级指标	三级权重	四级指标	四级权重
B_1	0.229 2	C_1	0.033 2	D_1	0.016 4
				D_2	0.016 8
		C_2	0.067 7	D_3	0.016 8
				D_4	0.015 6
				D_5	0.019 1
				D_6	0.016 1
		C_3	0.015 9	D_7	0.015 9
		C_4	0.051 0	D_8	0.019 0
				D_9	0.015 0
				D_{10}	0.017 0
		C_5	0.030 7	D_{11}	0.015 6
				D_{12}	0.015 1
		C_6	0.030 8	D_{13}	0.015 7
				D_{14}	0.015 1
B_2	0.180 2	C_7	0.0458	D_{15}	0.0159
				D_{16}	0.0151
				D_{17}	0.0148
		C_8	0.044 9	D_{18}	0.015 6
				D_{19}	0.014 3
				D_{20}	0.015 0
		C_9	0.045 8	D_{21}	0.015 6
				D_{22}	0.015 1

二级指标	二级权重	三级指标	三级权重	四级指标	四级权重
B_2	0.180 2	C_9	0.045 8	D_{23}	0.015 1
		C_{10}	0.043 7	D_{24}	0.014 0
				D_{25}	0.014 7
				D_{26}	0.015 0
B_3	0.170 7	C_{11}	0.017 0	D_{27}	0.017 0
		C_{12}	0.014 8	D_{28}	0.014 8
		C_{13}	0.016 9	D_{29}	0.016 9
		C_{14}	0.049 0	D_{30}	0.016 7
				D_{31}	0.015 3
				D_{32}	0.017 0
		C_{15}	0.072 9	D_{33}	0.016 9
				D_{34}	0.021 1
				D_{35}	0.017 7
				D_{36}	0.017 2
B_4	0.104 2	C_{16}	0.034 5	D_{37}	0.016 4
				D_{38}	0.018 1
		C_{17}	0.034 9	D_{39}	0.016 5
				D_{40}	0.018 5
		C_{18}	0.034 8	D_{41}	0.017 4
				D_{42}	0.017 4
B_5	0.074 7	C_{19}	0.015 1	D_{43}	0.015 1
		C_{20}	0.044 6	D_{44}	0.014 9
				D_{45}	0.015 8
				D_{46}	0.014 0
		C_{21}	0.015 0	D_{47}	0.015 0
B_6	0.095 5	C_{22}	0.031 1	D_{48}	0.015 8
				D_{49}	0.015 3
		C_{23}	0.047 1	D_{50}	0.017 5

二级指标	二级权重	三级指标	三级权重	四级指标	四级权重
B_6	0.095 5	C_{23}	0.047 1	D_{51}	0.015 1
				D_{52}	0.014 4
		C_{24}	0.017 4	D_{53}	0.017 4
B_7	0.069 9	C_{25}	0.013 9	D_{54}	0.013 9
		C_{26}	0.014 1	D_{55}	0.014 1
		C_{27}	0.013 7	D_{56}	0.013 7
		C_{28}	0.014 4	D_{57}	0.014 4
		C_{29}	0.013 8	D_{58}	0.013 8
B_8	0.075 7	C_{30}	0.014 8	D_{59}	0.014 8
		C_{31}	0.032 7	D_{60}	0.016 2
				D_{61}	0.016 5
		C_{32}	0.028 1	D_{62}	0.013 8
				D_{63}	0.014 3

（二）渔业产业发展水平的测度

（1）测度方法。

本节采用多指标综合评价法对沿海省市渔业产业发展水平进行测度,该方法具有过程规范、计算格式固定、经济意义显著、结果直观、系统层次性分明等特点,其测算模型如下:

$$A = \sum_{k=1}^{n} f_k b_k = \sum_{k=1}^{n} f_k \sum_{k=1}^{m_k} W_{ki} C_{ki} \qquad 式（4-7）$$

上式中,A 表示渔业产业发展水平综合评价指数,其具体代表当前沿海各省市渔业产业发展综合水平;f_k 表示第 k 个一级指标权重;B_k 表示第 k 个一级指标数值;W_k 表示第 k 个一级指标中第 i 个二级指标的权重;C_k 表示第 k 个一级指标中第 i 个二级指标的数值;m_k 为第 k 个一级指标中二级指标的数量[73]。

（2）评价结果。

将沿海省市渔业产业发展水平各级指标的标准化值及权重代入多指标综合评价模型进行计算,具体得到沿海省市渔业产业发展水平目标层及二级评价指数得分(如表4-3与图4-1所示)。

表4-3 沿海省市渔业产业发展水平评价结果

省市	综合发展指数 A	渔业产业要素投入水平 B_1	渔业产业产出水平 B_2	渔业产业加工水平 B_3	渔业产业国际贸易水平 B_4	渔业产业管理水平 B_5	渔业技术推广水平 B_6	渔业产业灾害控制水平 B_7	渔民生活水平 B_8
天津	0.088 5	0.013 8	0.039 7	0.003 6	0.001 5	0.003 8	0.011 9	0.004 9	0.009 4
河北	0.103 0	0.042 9	0.031 0	0.005 8	0.000 3	0.005 6	0.008 1	0.004 6	0.004 5
辽宁	0.159 9	0.051 5	0.045 2	0.027 7	0.014 5	0.007 5	0.004 8	0.004 0	0.004 9
上海	0.091 8	0.016 5	0.039 0	0.002 6	0.004 4	0.004 0	0.014 8	0.004 8	0.005 6
江苏	0.176 4	0.084 6	0.041 3	0.023 4	0.000 5	0.007 3	0.008 9	0.003 6	0.006 8
浙江	0.154 6	0.051 4	0.035 6	0.036 0	0.004 8	0.008 1	0.010 8	0.002 9	0.005 0
福建	0.196 0	0.062 3	0.070 2	0.028 5	0.014 5	0.004 9	0.008 3	0.004 1	0.003 2
山东	0.249 3	0.084 7	0.046 6	0.075 5	0.017 2	0.009 1	0.008 7	0.002 8	0.004 8
广东	0.131 0	0.049 1	0.038 9	0.019 0	0.007 3	0.007 2	0.006 8	0.000 0	0.002 7
广西	0.097 9	0.033 8	0.039 3	0.007 3	0.001 4	0.005 0	0.003 7	0.003 9	0.003 5
海南	0.126 9	0.029 7	0.061 3	0.013 0	0.006 4	0.002 5	0.006 1	0.004 2	0.003 7

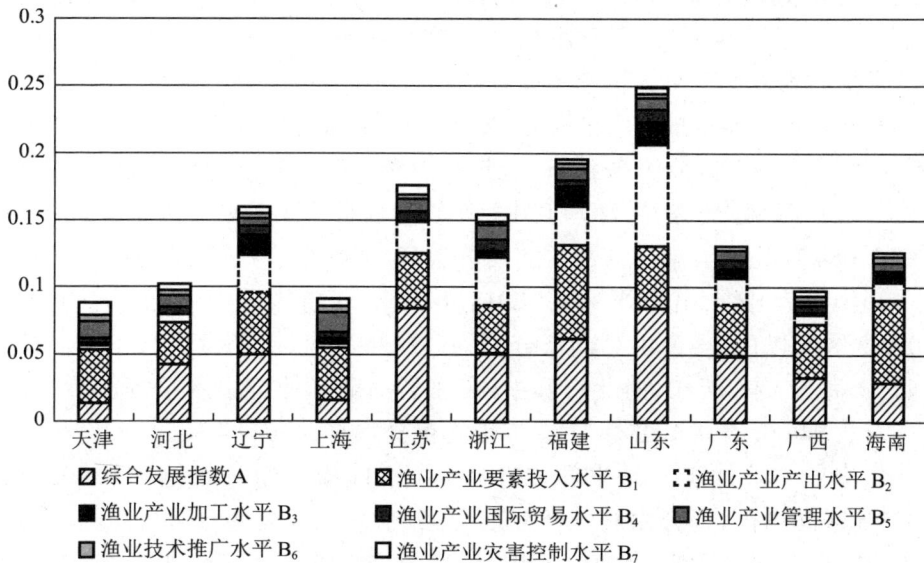

图 4-1 沿海省市渔业产业发展水平评价结果

（三）渔业产业发展水平评价结果

为界定各省市渔业产业发展所处的阶段，以便对山东省渔业产业发展水平进行分析，本节基于农业发展阶段理论，综合现阶段沿海各省市渔业产业发展现状，将渔业产业发展水平进行划分，确定了渔业产业综合发展水平的标准参考值，将沿海省市渔业产业发展水平综合评价指数得分划分为起步阶段、初步发展阶段、初步形成阶段、基本实现阶段、深化发展阶段和发达阶段共六个阶段，用以代表沿海省市渔业产业发展实现程度由低到高的发展过程（见表4-4）。

表4-4 渔业产业发展水平阶段划分

发展阶段	起步阶段	初步发展阶段	初步形成阶段	基本实现阶段	深化发展阶段	发达阶段
评价值范围	0～0.1	0.1～0.3	0.3～0.5	0.5～0.7	0.7～0.9	0.9～1

根据上文的评价结果，具体分析如下：

从沿海省市渔业产业综合发展水平来看，2013年沿海11省市渔业产业综合发展水平普遍较低，渔业产业发展水平综合指数均位于0.088 5到0.249 3区间以内，相互之间差距不大，普遍处于起步阶段或者初步发展阶段，综合指数得分由高到低分别为：山东、福建、江苏、辽宁、浙江、广东、海南、河北、广西、上海、天津。其中，山东省渔业产业综合发展水平最高，渔业产业发展水平综合指数为0.249 3，远远高于排在第二位的福建省，处于初步发展阶段。

从渔业产业要素投入水平来看，2013年沿海11省市得分均位于0.013 8到0.084 7区间以内，得分由高到低分别为：山东、江苏、福建、辽宁、浙江、广东、河北、广西、海南、上海、天津。其中，山东省渔业产业要素投入水平最高，得分为0.084 7，几乎与排在第二位的江苏省（0.084 6）持平。

从渔业产业产出水平来看，2013年沿海11省市得分均位于0.031到0.070 2区间以内，得分由高到低分别为：福建、海南、山东、辽宁、江苏、天津、广西、上海、广东、浙江、河北。其中，山东省渔业产业产出水平排在第三位，得分为0.046 6，略高于沿海11省市平均得分水平（0.044 4）。

从渔业产业加工水平来看，2013年沿海11省市得分均位于0.002 6到0.075 5区间以内，得分由高到低分别为：山东、浙江、福建、辽宁、江苏、广东、海南、广西、河北、天津、上海。其中，山东省渔业产业加工水平最高，得分为0.075 5，远远高于排在第二位的浙江省（0.036）。

从渔业产业国际贸易水平来看,2013 年沿海 11 省市得分均位于 0.003 到 0.017 2 区间以内,得分由高到低分别为:山东、福建、辽宁、广东、海南、浙江、上海、天津、广西、江苏、河北。其中,山东省渔业产业国际贸易水平最高,得分为 0.017 2,远远高于排在第二位的福建省、辽宁省(0.014 5)。

从渔业产业管理水平来看,2013 年沿海 11 省市得分均位于 0.002 5 到 0.009 1 区间以内,得分由高到低分别为:山东、浙江、辽宁、江苏、广东、河北、广西、福建、上海、天津、海南。其中,山东省渔业产业管理水平最高,得分为 0.009 1,略高于排在第二位的浙江省(0.008 1)。

从渔业技术推广水平来看,2013 年沿海 11 省市得分均位于 0.003 7 到 0.014 8 区间以内,得分由高到低分别为:上海、天津、浙江、江苏、山东、福建、河北、广东、海南、辽宁、广西。其中,山东省水产技术推广水平排在第五位,得分为 0.008 7,略高于沿海 11 省市平均得分水平(0.008 4)。

从渔业产业灾害控制水平来看,2013 年沿海 11 省市得分均位于 0 到 0.004 9 区间以内,得分由高到低分别为:天津、上海、河北、海南、福建、辽宁、广西、江苏、浙江、山东、广东。其中,山东省渔业产业灾害控制水平排在倒数第二位,得分为 0.002 8,远远低于沿海 11 省市平均得分水平(0.003 6)。

从渔民生活水平来看,2013 年沿海 11 省市得分均位于 0.002 7 到 0.009 4 区间以内,得分由高到低分别为:天津、江苏、上海、浙江、辽宁、山东、河北、海南、广西、福建、广东。其中,山东省渔民生活水平排在第六位,得分为 0.004 8,略低于沿海 11 省市平均得分水平(0.004 9)。

根据上述分析我们进一步得出,2013 年,山东省在沿海 11 省市中渔业产业综合发展水平最高,其中渔业产业要素投入水平、渔业产业加工水平、渔业产业国际贸易水平、渔业产业管理水平均排在全国首位,说明这些方面对山东省渔业产业综合发展水平的提高,起到了十分巨大的促进作用,正是由于山东省在这些方面水平相对较高,使得山东省渔业产业综合发展水平评价较高;渔业产业产出水平和渔业技术推广水平在全国处于中上位置,高于沿海 11 省市平均得分水平,说明山东省在这两方面还存在较大的发展空间和潜力,促进这两方面的提升,能够对未来山东省渔业产业综合发展水平的进一步提高,起到十分明显的作用,能够更加完善渔业产业发展体系,促进产业良性发展;渔民生活水平一般,略低于沿海 11 省市平均得分水平,说明此因素对渔业产业发展水平起到不利影响,应该持续加大投入力度,通过补齐发展短板,平衡渔业产业的综合发展;渔业产业灾害控制水平非常差,远远低于沿海 11 省市平均得分水平,说明这其中存在巨大问题,也意味着巨大的提升空间,转型升级中需要倾注大部分关注。

根据综合发展水平评价来看,山东省的各项指标仍然处于较低水平,虽然在横向比较中部分指标暂时处于相对优势地位,但是整体来看,各项指标仍然偏低。因此,未来提升山东省渔业产业的综合发展水平,需要从多角度、多维度进行提升,不但要补齐各项指标的短板,而且相对优势指标仍然存在很多问题,具有相当大的投入潜力,通过有重点、兼顾全方位地投入,达到提升山东省渔业产业综合发展水平的目标。

二、渔业产业年度发展水平评价

本节构建了渔业产业年度发展水平评价指标体系,从渔业产业要素投入水平、渔业产业产出水平、渔业产业加工水平、渔业技术推广水平、渔业产业灾害控制水平、渔民生活水平 6 个方面综合评价,具体得到山东省在 2004 年到 2013 年间渔业产业年度综合发展水平及上述 6 个方面指数得分,从而得出山东省渔业产业年度发展水平的评价。

(一)渔业产业年度发展水平评价指标体系构建

(1)数据选取。

本节参考上节构建的渔业产业发展水平评价指标体系,根据搜集到的统计数据,通过多次的筛选,最终确立和构建了包括渔业产业要素投入水平、渔业产业产出水平、渔业产业加工水平、渔业技术推广水平、渔业产业灾害控制水平和渔民生活水平共 6 个方面的二级指标以及 25 个三级指标和 47 个四级指标的综合评价体系(见表 4-5),对山东省渔业产业年度发展水平进行定量测评。其中,部分指标解释如下:

养殖渔民人均养殖面积是水产养殖面积与渔业专门从业人员(养殖)数量之比,大马力捕捞渔船比例是 441 千瓦(含)以上捕捞渔船总数与捕捞渔船总数之比,单位水域面积水产养殖渔船总动力是养殖渔船总功率与水产养殖面积之比,渔业人口比重是渔业人口数量与地区年末总人口数量之比,渔业从业人员比重是渔业从业人员数量与地区年末总人口数量之比,渔业经济总产值 GDP 贡献率是渔业经济总产值与地区生产总值之比,劳均渔业产值是渔业产值与渔业从业人员数量之比,单位水域面积水产养殖产值是海水养殖产值和淡水养殖产值之和与水产养殖面积之比,水产品人均占有量是水产品产量与地区年末总人口数量之比,劳均水产品产量是水产品产量与渔业从业人员数量之比,单位水域面积水产养殖产量是水产养殖产量与水产养殖面积之比,渔业利润率是渔业增加值与渔业产值之比,渔业工业和建筑业利润率是渔业工业和建筑业增加值与渔业工业和建筑业产值之比,渔业流通和服务业利润率是渔业流通和服务业增加值与渔业流通和服务业产值之比,渔业加工利润率是渔业加工增加值与渔业加工产值之比,渔业加工行业集中度是地区渔业加工企业数量与全国渔业加工企业数量之比,每千名渔民拥有水产技术推广人员数量是推广人员数量与渔业从业人员数量/1 000之比,渔民技术培训覆盖率是渔民技术培训人次与渔业从业人员数量之比,渔民家庭人均生活消费支出是渔民家庭生活消费支出与调查户家庭常住人员数量之比,渔民家庭恩格尔系数是渔民家庭伙食消费支出与渔民家庭总支出之比。

　　本节用于计算的原始数据主要来源于《中国渔业统计年鉴2005～2014》、《中国统计年鉴2005～2014》等统计资料。

表4-5　渔业产业年度发展水平评价指标体系

一级指标	二级指标	三级指标	四级指标	单位	指标属性
渔业产业年度综合发展水平A	渔业产业要素投入水平 B_1	水产养殖面积 C_1	水产养殖总面积在全国占比 D_1	%	正指标
			养殖渔民人均养殖面积 D_2	公顷/人	正指标
		渔船 C_2	渔船年末拥有数量在全国占比 D_3	%	正指标
			生产渔船年末拥有数量在全国占比 D_4	%	正指标
			大马力捕捞渔船比例 D_5	%	正指标
			单位水域面积水产养殖渔船总动力 D_6	千瓦/公顷	正指标
		水产苗种 C_3	水产苗种产值在全国占比 D_7	%	正指标
		渔业固定资产投资 C_4	渔业固定资产投资总额在全国占比 D_8	%	正指标
			渔业固定资产投资总额在全社会固定资产投资总额中占比 D_9	%	正指标
		渔业劳动力 C_5	渔业人口比重 D_{10}	%	正指标
			渔业从业人员比重 D_{11}	%	正指标

一级指标	二级指标	三级指标	四级指标	单位	指标属性
渔业产业年度综合发展水平A	渔业产业产出水平B_2	渔业产值C_6	渔业经济总产值GDP贡献率D_{12}	%	正指标
			劳均渔业产值D_{13}	元/人	正指标
			单位水域面积水产养殖产值D_{14}	万元/公顷	正指标
		渔业产业结构C_7	渔业产值占渔业经济总产值比重D_{15}	%	正指标
			渔业工业与建筑业占渔业经济总产值比重D_{16}	%	正指标
			渔业流通和服务业占渔业经济总产值比重D_{17}	%	正指标
		渔业产量C_8	水产品人均占有量D_{18}	千克/人	正指标
			劳均水产品产量D_{19}	千克/人	正指标
			单位水域面积水产养殖产量D_{20}	吨/公顷	正指标
		渔业增加值C_9	渔业利润率D_{21}	%	正指标
			渔业工业与建筑业利润率D_{22}	%	正指标
			渔业流通和服务业利润率D_{23}	%	正指标
	渔业产业加工水平B_3	渔业加工产值C_{10}	水产品加工产值在全国占比D_{24}	%	正指标
		渔业加工增加值C_{11}	渔业加工利润率D_{25}	%	正指标
		渔业加工量C_{12}	水产品加工总量在全国占比D_{26}	%	正指标
		渔业加工企业C_{13}	渔业加工行业集中度D_{27}	%	正指标
			水产加工企业加工能力在全国占比D_{28}	%	正指标
		水产冷库C_{14}	水产冷库数量在全国占比D_{29}	%	正指标
			水产冷库冻结能力在全国占比D_{30}	%	正指标
			水产冷库冷藏能力在全国占比D_{31}	%	正指标
			水产冷库制冰能力在全国占比D_{32}	%	正指标
	渔业技术推广水平B_4	水产技术推广机构C_{15}	推广机构数量在全国占比D_{33}	%	正指标
			推广机构经费投入在全国占比D_{34}	%	正指标

一级指标	二级指标	三级指标	四级指标	单位	指标属性
渔业产业年度综合发展水平A	渔业技术推广水平B_4	水产技术推广技术人员C_{16}	每千名渔民拥有水产技术推广技术人员数量D_{35}	人	正指标
			本科及以上技术推广员人数占比D_{36}	%	正指标
			高级技术推广员人数占比D_{37}	%	正指标
		水产技术推广机构培训C_{17}	渔民技术培训覆盖率D_{38}	%	正指标
	渔业产业灾害控制水平B_5	直接经济损失C_{18}	渔业灾情造成的直接经济损失在全国占比D_{39}	%	负指标
		水产品损失C_{19}	渔业灾情造成的水产品经济损失在全国占比D_{40}	%	负指标
		渔业设施损失C_{20}	(台风、洪涝)损毁渔业设施的经济损失在全国占比D_{41}	%	负指标
		养殖面积损失C_{21}	渔业灾情受灾养殖面积在全国占比D_{42}	%	负指标
		人员损失C_{22}	渔业灾情人员损失数量在全国占比D_{43}	%	负指标
	渔民生活水平B_6	渔民收入C_{23}	渔民人均纯收入D_{44}	元/人	正指标
		渔民家庭收入C_{24}	渔民家庭人均纯收入D_{45}	元/人	正指标
		渔民家庭支出C_{25}	渔民家庭人均生活消费支出D_{46}	元/人	负指标
			渔民家庭恩格尔系数D_{47}	%	负指标

（2）权重计算（熵值法）。

根据熵值法,具体计算方法参照上节内容,本节所构建的渔业产业年度发展水平评价指标体系的各个指标权重计算结果如表4-6所示:

表4-6　指标权重计算结果

二级指标	二级权重	三级指标	三级权重	四级指标	四级权重
B_1	0.226 7	C_1	0.041 7	D_1	0.021 2
				D_2	0.020 5
		C_2	0.081 5	D_3	0.020 1
				D_4	0.020 3

二级指标	二级权重	三级指标	三级权重	四级指标	四级权重
B_1	0.226 7	C_2	0.081 5	D_5	0.019 9
				D_6	0.021 2
		C_3	0.021 1	D_7	0.020 9
		C_4	0.039 4	D_8	0.020 0
				D_9	0.019 4
		C_5	0.042 9	D_{10}	0.020 9
				D_{11}	0.022 0
B_2	0.261 3	C_6	0.065 9	D_{12}	0.022 1
				D_{13}	0.021 5
				D_{14}	0.022 3
		C_7	0.066 4	D_{15}	0.023 7
				D_{16}	0.021 8
				D_{17}	0.021 0
		C_8	0.068 8	D_{18}	0.021 6
				D_{19}	0.023 0
				D_{20}	0.024 1
		C_9	0.060 1	D_{21}	0.019 6
				D_{22}	0.020 9
				D_{23}	0.019 6
B_3	0.193 9	C_{10}	0.021 0	D_{24}	0.021 2
		C_{11}	0.021 8	D_{25}	0.020 8
		C_{12}	0.022 1	D_{26}	0.022 4
		C_{13}	0.045 6	D_{27}	0.023 2
				D_{28}	0.022 4
		C_{14}	0.083 3	D_{29}	0.021 8
				D_{30}	0.020 9
				D_{31}	0.020 5
B_4	0.130 1	C_{15}	0.044 9	D_{33}	0.021 3
				D_{34}	0.023 7

二级指标	二级权重	三级指标	三级权重	四级指标	四级权重
B_4	0.130 1	C_{16}	0.0652	D_{35}	0.020 8
				D_{36}	0.023 3
				D_{37}	0.021 0
		C_{17}	0.020 1	D_{38}	0.021 3
B_5	0.098 1	C_{18}	0.019 4	D_{39}	0.019 5
		C_{19}	0.019 6	D_{40}	0.019 8
		C_{20}	0.019 4	D_{41}	0.019 5
		C_{21}	0.019 9	D_{42}	0.021 1
		C_{22}	0.019 9	D_{43}	0.020 2
B_6	0.086 6	C_{23}	0.022 1	D_{44}	0.022 7
		C_{24}	0.023 8	D_{45}	0.024 2
		C_{25}	0.040 7	D_{46}	0.019 3
				D_{47}	0.021 4

（二）渔业产业年度发展水平的测度

将山东省渔业产业年度发展水平各级指标的标准化值及综合权重代入多指标综合评价模型进行计算，具体得到山东省渔业产业年度发展水平目标层及二级评价指数得分（见表 4-7）。

表 4-7　山东省渔业产业年度发展水平评价结果

年度	渔业产业综合发展水平 A	渔业产业要素投入水平 B_1	渔业产业产出水平 B_2	渔业产业加工水平 B_3	渔业技术推广水平 B_4	渔业产业灾害控制水平 B_5	渔民生活水平 B_6
2004	0.176 9	0.044 3	0.077 0	0.026 1	0.019 2	0.005 4	0.004 8
2005	0.215 0	0.067 8	0.070 8	0.046 1	0.019 0	0.007 4	0.003 9
2006	0.232 6	0.087 6	0.071 3	0.046 6	0.018 4	0.003 4	0.005 3
2007	0.242 0	0.082 0	0.096 6	0.029 6	0.023 1	0.006 6	0.004 0
2008	0.232 1	0.073 6	0.086 5	0.038 8	0.019 4	0.008 8	0.005 1
2009	0.226 3	0.059 0	0.099 7	0.031 6	0.020 8	0.008 5	0.006 7
2010	0.252 8	0.087 8	0.090 3	0.047 0	0.016 5	0.006 1	0.005 2

续 表

年度	渔业产业综合发展水平A	渔业产业要素投入水平B_1	渔业产业产出水平B_2	渔业产业加工水平B_3	渔业技术推广水平B_4	渔业产业灾害控制水平B_5	渔民生活水平B_6
2011	0.277 1	0.068 1	0.097 0	0.079 5	0.016 0	0.007 0	0.009 4
2012	0.253 8	0.063 4	0.109 3	0.052 1	0.015 7	0.004 7	0.008 6
2013	0.300 9	0.085 3	0.122 6	0.058 7	0.019 7	0.006 1	0.008 4

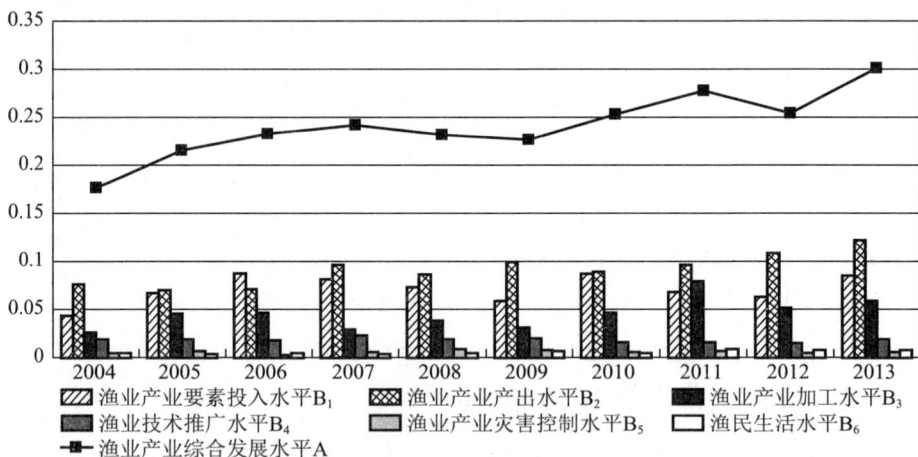

图 4-2　山东省渔业产业年度发展水平评价结果

（三）渔业产业年度发展评价结果

为界定山东省渔业产业各年度发展所处的阶段,以便于对山东省渔业产业年度发展水平进行分析,本节基于农业发展阶段理论,综合历年山东省渔业产业发展现状,将渔业产业发展水平进行划分,确定了山东省渔业产业年度综合发展水平的标准参考值,将山东省渔业产业年度发展水平综合评价指数得分划分为起步阶段、初步发展阶段、初步形成阶段、基本实现阶段、深化发展阶段和发达阶段六个阶段,用以代表山东省渔业产业年度发展实现程度由低到高的发展过程(见表4-8)。

表 4-8　山东省渔业产业年度综合发展水平阶段划分

发展阶段	起步阶段	初步发展阶段	初步形成阶段	基本实现阶段	深化发展阶段	发达阶段
评价值范围	0～0.1	0.1～0.3	0.3～0.5	0.5～0.7	0.7～0.9	0.9～1

根据上文的评价结果,具体分析如下。

从山东省渔业产业年度综合发展水平来看,2004 年到 2013 年间,山东省渔业产业年度综合发展水平总体呈现持续上升趋势,渔业产业年度发展水平综合指数均位于 0.176 9 到 0.300 9 区间以内,最低点在 2004 年,2013 年达到最高点,发展水平普遍较低,所有年度基本都处于初步发展阶段。

从渔业产业要素投入水平来看,2004 年到 2013 年间,山东省总体呈现上下波动趋势,渔业产业要素投入水平得分均位于 0.044 3 到 0.087 8 区间以内,最低点在 2004 年,最高点在 2010 年,2013 年得分为 0.085 3,高于 10 年平均水平(0.071 9)。

从渔业产业产出水平来看,2004 年到 2013 年间,山东省总体呈现波动上升趋势,渔业产业产出水平得分均位于 0.070 8 到 0.122 6 区间以内,最低点在 2005 年,2013 年达到最高点。

从渔业产业加工水平来看,2004 年到 2013 年间,山东省总体呈现上下波动趋势,渔业产业加工水平得分均位于 0.026 1 到 0.079 5 区间以内,最低点在 2004 年,最高点在 2011 年,2013 年得分为 0.058 7,高于 10 年平均水平(0.045 6)。

从渔业技术推广水平来看,2004 年到 2013 年间,山东省总体水平基本持平,水产技术推广水平得分均位于 0.015 7 到 0.023 1 区间以内,最低点在 2012 年,最高点在 2007 年,2013 年得分为 0.019 7,略高于 10 年平均水平(0.018 8)。

从渔业产业灾害控制水平来看,2004 年到 2013 年间,山东省总体水平基本持平,渔业产业灾害控制水平得分均位于 0.003 4 到 0.008 8 区间以内,最低点在 2006 年,最高点在 2008 年,2013 年得分为 0.006 1,与 10 年平均水平基本持平(0.006 4)。

从渔民生活水平来看,2004 年到 2013 年间,山东省总体水平基本持平,渔民生活水平得分均位于 0.003 9 到 0.009 4 区间以内,最低点在 2005 年,最高点在 2011 年,2013 年得分为 0.008 4,略高于 10 年平均水平(0.006 1)。

根据上述分析进一步得出,2004 年至 2013 年这十年间,山东省渔业产业年度综合发展水平总体趋势是上升的,说明过去的转型升级战略取得一定成效,但上升趋势中存在着上下波动,说明这些转型升级战略还不够完善;其中渔业产业产出水平总体呈现波动上升趋势,说明过去的转型升级战略对其产生了一定效果,有较多可供借鉴和发扬的部分;渔业产业要素投入水平、渔业产业加工水平总体呈现上下波动趋势,说明过去的转型升级战略对其产生了一定效果,但也有不利影响,需要对有促进作用的部分借鉴和发扬,对抑制发展的部分整治和改进;渔业技术推广水平、渔业产业灾害控制水平、渔民生活水平总体水平基本持平,这说明过去的转型升级战略效果不大,上述这几个方面是今后转型升级的战略重点,需要更多的关注。

第五章

山东省渔业产业转型升级面临的困境

多年来,山东省渔业发展综合实力增强,渔业经济产值、产量虽然持续走高,但是渔业经济总产值在地区生产总值中所占比重历年来却呈现下降趋势,且山东渔业经济总产值在全国渔业经济总产值中所占比重也波动下降,这充分说明产业发展已经出现问题,转型升级势在必行。那么,山东省渔业产业转型升级面临的困境有哪些?本章将根据前文内容对这一问题进行分析和总结。

长期以来,山东省渔业经济的增长方式呈现出粗放型、外延型特点,资源消耗的速度远远超过资源的再生能力。这主要归结于虽然已经开始对渔业产业进行转型升级,但政府的管理思维和渔民的生产思维都没有充分认识到渔业产业的发展已经遭遇瓶颈,对如何实现渔业可持续发展和渔业现代化还没有形成共识,片面地追求产业经济增长数量、速度和产业发展规模的现象依然存在。随着山东渔业产业化进程的推进,一系列制约产业转型升级的瓶颈问题相继出现,新的矛盾和问题也在不断暴露出来,具体说明如下。

一、渔业产业转型升级的制约因素

(一)渔业资源的刚性约束

渔业资源是渔业捕捞业、养殖业、加工业的原材料来源,因此渔业资源的丰裕程度直接影响着渔业产业的发展。渔业资源是具有自然更新能力的可再生资源，在适宜的条件和合理地使用下，可以达到动态平衡，但现实情况是人们只知无限度地索取，资源消耗速度远远超过其可承受的极限。为了保护渔业生物资源，渔业管理部门颁布了各种制度和措施，如伏季休渔制度、捕捞许可制度、渔业资源增殖保护费的征收制度、捕捞限额制度等[74]，建设了水产种质资源保护区，对资源的过度开发利用起到一定的遏制作用。然而，渔业生物资源衰竭的现状并没有得到根本改变。

目前，山东省渔业资源条件的刚性约束与渔业产业可持续发展的矛盾仍旧十分突出，渔业生物资源衰竭现象明显，生物种类急剧减少，多样性正在丧失，资源密度和质量也明显下降，高经济价值的优质渔业资源不再是捕捞业渔获物的主体。可见，渔业资源的刚性约束是制约山东省渔业产业发展的最重要因素，也是山东省渔业产业发展所面临的最严峻的问题。

过度捕捞是造成渔业生物资源持续衰竭的最重要原因。山东省耕地资源的稀少，使水产品作为食物的功能更加凸显，再加上水产品本身具有的营养丰富和味道鲜美的优势，消费市场对水产品的需求与日俱增，迫使渔民对水产品大量捕捞。随着科学技术的发展，渔船生产能力提高，捕捞渔船的数量剧增，且网具、探渔装备水平更加先进，渔民捕捞能力大大增强。民间滥捕酷捕现象频发，电鱼、炸鱼、毒鱼等非法现象屡禁不止，这些行为给鱼群的繁衍造成了不可估量的危害。粗放型、掠夺式的捕捞方式，渔业资源保护意识的淡薄，渔业权的划定不够明确，再加上资源衰竭导致渔获量的减少，反而驱使渔民陷入从过度捕捞到资源衰竭再到过度捕捞的恶性循环。传统海洋捕捞多集中在近海区域，而这些区域靠近大陆架，很多都是渔业生物产卵、洄游的栖息地，因此渔获物的低龄化、小型化、低值化现象严重，不但捕捞的生产效率和经济效益得不到提高，而且使渔业资源难以承受，资源衰竭程度加剧。

生态环境破坏严重也是造成渔业生物资源衰竭的重要原因。污染加剧令生态环境恶化，不仅使渔业生物资源的栖息地及产卵场受到破坏，渔业生物个体数量迅速减少，多样性急剧丧失，而且渔业生态系统也受到相应程度的不良影响，抵抗外来干扰的能力和自我净化的功能大大衰退，给渔业生态系统带来无法逆转的破坏。

同时，没有掌握渔业生物资源的生长、繁殖规律，不科学的水产养殖也容易造成渔业生物资源衰竭。传统的养殖方式往往是粗放式、掠夺式的，对生态效益和环境效益缺乏长远考虑，养殖密度大大超过环境和水域可负荷的极限，饵料投放、施肥、鱼药使用等的不合理，不仅导致"广种薄收"的情况时有发生,而且对养殖水域内的生物资源造成破坏也是极为普遍的。

另外,气候、自然灾害等原因如台风、洪涝、干旱、病害等也对渔业生物资源造成一定影响。

(二)渔业水域资源的减少

近年来,山东省渔业水域资源枯竭、破坏、占用等现象严重,可供作业的渔场面积大幅度减少,造成这一现象的原因有很多,主要可归纳为以下几个方面。

(1)生态环境污染和破坏。生态环境污染和破坏,不仅可以造成渔业生物资源衰竭,也容易造成渔业水域资源破坏。捕捞业中,渔船等渔业机械对水域环境易造成油污染;养殖业中,有机污染对水域资源易造成富营养化效应,包括病毒、细菌、寄生虫等在内的生物污染对水域资源易造成破坏;水上运输业中,石油泄漏等现象时有发生,对水域资源易造成污染;再加上矿产资源的勘探开采、工业生产、农田建设、水上运输、水上工程项目等的污染物和生活污水排入河、海等,都对渔业水域资源造成严重破坏。

(2)港口、通讯、油气开采、矿产开采以及工业发展而进行的工程开发建设项目,还有诸如铺设路桥、筑坝、围海造地、取沙、水流发电等,占用了渔业水域资源。例如,大量的通讯光缆、油气管道从海底经过,根据相关规定,周边不允许船只抛锚或进行作业,使可作业的海水渔场面积进一步减少。

(3)公海渔业管理日趋规范严格,与周边国家关系形势多变,加大了远洋渔业的发展难度。各种公约、协定的签署或者更改,使大批渔船撤出原来长期作业的渔场,给山东省渔业造成了巨大的损失。《联合国海洋法公约》规定了专属经济区制度,而《中日渔业协定》、《中韩渔业协定》以及《中越北部湾渔业协定》三个渔业协定的签订,将专属经济区制度的正式实施提上日程,我国东海、黄海和南海北部湾渔业管理制度发生了根本变化,渔民的传统作业渔场不再合法。再如朝鲜东部项目的搁置不前,朝鲜东部海岸渔业资源尤其是鱿鱼资源丰富、开发潜力较大,一直是山东省远洋渔业产量的重要来源地,2013年,朝鲜突然提出改变合作协议部分内容,导致农业部紧急下发通知,暂停该年度朝鲜东部海域远洋渔业项目,所有中国渔船不得再赴朝鲜海域生产,造成远洋渔业产值产量比预计减少。

(4)气候原因。山东省降水集中、季节分布不均,易形成干旱,淡水水域资源常有水量不足的问题,对近海水域也有一定影响。

（三）渔业灾害频发

近年来，山东渔业灾害频发，严重制约了渔业产业的快速发展。2014年，全省渔业灾情造成的直接经济损失合计157 405万元，约占全国的7.4%，排在全国第四位；水产品经济损失151 442万元，约占全国的8.9%，排在全国第二位；水产品数量损失117 056吨，约占全国的8.9%，排在全国第四位；（台风、洪涝）损毁渔业设施造成的经济损失5 963万元，约占全国的1.4%，排在全国第十二位；渔业灾情受灾养殖面积57 946公顷，约占全国的7%，排在全国第八位；渔业灾情人员损失32人，约占全国的36.4%，排在全国首位。

水产品损失中，台风、洪涝造成的经济损失19 555万元，约占全国的2.4%，排在全国第十位；造成的数量损失17 523吨，约占全国的2.8%，排在全国第七位；病害造成的经济损失11 315万元，约占全国的4.1%，排在全国第九位；造成的数量损失15 077吨，约占全国的6.9%，排在全国第六位；干旱造成的经济损失102 974万元，约占全国的31.4%，排在全国首位；造成的数量损失72 668吨，约占全国的24.8%，排在全国第二位；污染造成的经济损失14 167万元，约占全国的17.6%，排在全国第二位；造成的数量损失9 431吨，约占全国的13.7%，排在全国第三位。（见表5-1）

表5-1　2014年各地区渔业灾害情况

全国排名 项 目	1		2		3		4		5	
	地区	数量	地区	数量	地区	数量	地区	数量	地区	数量
渔业灾情造成的直接经济损失（亿元）	广东	52.2	海南	22.4	广西	18.5	山东	15.7	湖南	14.8
（台风、洪涝）损毁渔业设施经济损失（亿元）	广东	16.4	海南	8.9	广西	4.9	湖南	2.3	江西	1.9
水产品经济损失（亿元）	广东	35.8	山东	15.1	辽宁	13.9	广西	13.7	海南	13.5
台风洪涝造成的经济损失（亿元）	广东	27.6	海南	13.3	广西	11.2	江西	5.8	湖南	5.7
病害造成的经济损失（亿元）	广东	5.9	江苏	5.0	浙江	2.9	江西	2.2	广西	1.9
干旱造成的经济损失（亿元）	山东	10.3	河南	8.5	湖南	5.3	江西	2.5	安徽	2.3
污染造成的经济损失（亿元）	福建	1.8	山东	1.4	安徽	1.1	江苏	1.0	辽宁	0.7

项 目 \ 全国排名	1		2		3		4		5	
	地区	数量	地区	数量	地区	数量	地区	数量	地区	数量
水产品损失数量(万吨)	广东	24.8	广西	15.2	江西	12.4	山东	11.7	湖南	11.3
渔业灾情受灾养殖面积(万公顷)	湖南	14.5	辽宁	10.6	安徽	7.9	广东	7.8	江西	7.3
渔业灾情人员损失(人)	山东	32	浙江	24	福建	12	辽宁	11	陕西	4

数据来源:《中国渔业统计年鉴》2015

可见,山东省渔业灾情造成的直接经济损失不容忽视,总体来说,渔业灾情对渔业设施造成的破坏相对较小,但造成的水产品经济和数量损失较大。渔业灾情中,对山东省造成破坏最大的是干旱,其次是污染,台风、洪涝和病害造成的破坏相对较轻。值得注意的是,山东省渔业灾情人员损失数量是最多的,说明强调安全生产对山东省渔业发展的重要性不容忽视。

(四)渔业装备和基础设施建设不够完善

山东省渔船和渔业装备水平相对落后,已不能满足渔业发展的需要。渔船是渔业最重要的生产机械,山东省作为渔业经济总产值连续多年排名全国第一的省份,渔船拥有量、吨位、功率水平都不高,阻碍了渔业生产发展进程,发展远洋渔业难度较大;辅助渔船尤其是渔业执法船拥有量水平更是被许多其他沿海省市远远抛在身后,渔业管理和执法也因此受到限制。再加上渔船本身还存在高耗能易老化的问题,不仅能源消耗大,投入高、产出低,而且安全性能也低。同时,用于作业的渔业装备陈旧落后,不能很好地辅助渔业生产。渔船和渔业装备的低水平直接制约着山东省渔业产业的进一步发展。

山东省渔业基础设施条件不够完善。山东省是全国拥有国家级水产原良种场最多的省份,渔港总数在全国也排在首位,但是内陆重点渔港仅一个,这充分说明淡水渔业基础设施建设不足。渔港本身还存在建设滞后、防灾能力较差的问题。养殖鱼池普遍淤积老化,养殖环境条件恶劣,设施原始简陋。除生产相关基础设施条件不够完善外,渔业流通和服务业基础设施建设也较为滞后。渔港码头、专业批发市场等基础配套设施建设严重滞后,造成流通不畅。渔业基础设施建设滞后,不能满足山东省渔业产业发展的需要。

（五）政府支持力度不足

（1）渔业法律法规体制不健全。为保护资源环境、促进渔业发展，国家和地方政府虽然制定了门类齐全的战略、法律、政策、措施，但并未达到预期效果。首先是由于许多法律法规、政策措施的形成时间较晚，错过了资源保护和推进产业发展的最佳时期。其次是由于环境情况变化快，大部分都因为更新速度慢而满足不了渔业发展的需要，没有起到它们应有的作用，也就是法律法规的滞后性。而且这些法律法规的制定大多还处于摸索阶段，本身存在不足，还需要不断丰富和完善。最重要的是，这些政策与法律法规大多缺乏配套的具体实施方案，给真正实践当中的落实带来困难。即使是具备配套的实施方案，有的因为国情、省情的复杂，落实到位困难；有的因为需要其他部门协调，而实际操作存在困难，最终效果并不明显。如渔业权划分不明确，大部分渔业都处于自由入渔状态，导致渔民为了获得更多的渔获物而争相加大捕捞强度，缺乏自觉养护资源的意识，即使采取了设置禁渔期、捕捞许可证等措施，也因为配套措施不够完善、达不到预期目的而作罢。

（2）渔业资金投入不足。渔业发展尤其是渔业产业化进程是一个社会性工程，目前对政府宏观调控依赖程度较高，需要政府在财政、金融信贷和税收政策上给予大力支持，或者在其他融资渠道方面给予协调引导。渔业投入资金短缺问题一直阻碍着山东省渔业的现代化发展进程。长期以来，山东省渔业资金投入主要来源于政府财政补贴和生产者原始积累和投入，很少来源于引进外资、地方筹资或社会资金，来源有限导致投入不足。其次，渔业补贴力度的合理性还有待提高，补贴对象的选取缺乏科学依据，补贴作用和效果的评估严重缺乏，政府对渔业补贴的盲目性使渔业的资金投入效果大打折扣。

二、渔业产业转型升级面临的主要困境

（一）渔业产业结构层次低，渔业价值链低端化

目前，山东省渔业还存在渔业产业结构层次较低、渔业价值链低端化的问题，这一问题的存在，直接造成市场上水产品出现低端初级产品供过于求、优质高附加值产品供不应求的现象，使水产品价格进一步走低，再加上生产成本不断升高，致使山东省渔业产业的转型升级受到严重制约。

（1）渔业产业结构不合理，产业结构层次较低。

渔业产业结构不合理，主要表现在两个方面，一是渔业经济结构不合理，二是渔业第一产业内部结构失衡。

多年来，山东省渔业经济结构不合理，结构相对单一且严重失衡，渔业第一产业所占比重一直较大，且依然呈上升趋势，渔业第二、三产业所占比重呈现下降趋势，进一步加剧产业结构的不平衡。2014年，山东省渔业经济第一、二、三产业结构比例为43.2∶33.4∶23.3，根据《山东省渔业发展第十二个五年规划》，计划到2015年渔业二、三产业比重达到63％，从目前数据来看，这个目标有可能达不到，可见，山东省渔业产业存在结构层次较低的问题。

渔业第一产业内部也存在着结构失衡的问题。渔业第一产业以捕捞业和养殖业为主，且多为劳动密集型产业，资源消耗大，产品附加值低。捕捞业中，以开发公海渔业生物资源为主的远洋渔业比重较低；养殖业中，淡水养殖业比重较低。

山东省渔业产业结构层次较低，使产业承受风险和压力的能力更加脆弱，向多元化发展和经营的转变更加困难，制约着产业的健康发展和地区的繁荣稳定。

（2）渔业服务业发展缓慢，渔业价值链低端化。

山东省渔业服务业发展缓慢，主要表现在以下几个方面。

市场体系不健全，流通渠道不畅。虽然山东省交通运输网络四通八达，陆运、水运、空运资源条件较好，但是水产品流通体系并不健全，缺乏先进的、及时的供应链。产地准出和市场准入机制不健全，不能帮助消费者快速有效地甄别水产品质量；批发市场经营管理落后，服务功能单一，交易杂乱无序；产销直供模式发展滞后，流通环节过多，流通效率低下；运输（仓储）设施设备条件落后，水产品保鲜度不高。

各方虽然已经有了足够重视，但是由于起步较晚，发展速度较慢，休闲渔业发展过程还存在诸多问题。一是缺乏宏观规划，管理无序。在组织管理方面，地方县市、部门各自为政，缺乏有力的配合；开发休闲渔业前没有进行科学详尽的实地考察和实验以论证可行性；没有形成对渔获物种类等的规范限制法则，也没有形成针对休闲渔业的完善管理体系，管理归口不一、"朝令夕改"的现象时有发生，管理上的无序对渔业生物资源的可持续发展也造成了巨大的压力。二是休闲渔业项目单一，配套服务缺失。现有的项目类型中，单纯的"渔家乐"类型居多，缺乏新意，没有地方特色，市场竞争力不足；新式项目容易被模仿,跟风同质化严重,未能形成规模便因供过于求而遭市场厌弃;配套服务不完善,消费者用户体验效果不好,增加了宣传和推广的难度。

(3)水产品深加工水平低,水产品附加值低。

在国内和国外两个水产品市场上,不仅竞争态势复杂多变,而且消费需求也日新月异,面对这一现状,山东省水产品在市场上并没有紧跟潮流,尤其在对国际水产品市场的开发上,力度不足,竞争力相对较弱。

首先表现为水产品的加工转化率低。山东省水产品加工比例较低,捕捞上来的水产品很多都仅仅进行了冰鲜、充氧等处理以保鲜,水产品加工产量约占水产品总产量的74.6%,而有的发达国家这一指标已经高达90%,可见,山东省水产品加工比例离发达国家还有一定差距。

其次,水产品的加工增值率低。山东省渔业产业加工水平较低,加工技术和设备落后,水产品以冷冻品、鱼糜及干腌制品这种初级加工品为主,水产冷冻品约占水产加工品总量的69.9%,缺乏罐制品、鱼粉、鱼油制品等精深加工品。

再次,水产品结构不合理,销售体现出区域性矛盾。主要表现在优质、高档的精深加工产品稀少,大路货、低端货充斥市场,不能满足消费者的需求,并且产品多集中在沿海地区或大中城市销售,中西部内陆地区和村镇的市场还未打开。

最后,产品品质监测力度不足,水产品质量偏低。随着生活水平的提高,消费者对食品安全的要求越来越严格,进口国常根据各种认证标准设置的贸易壁垒也越来越多。"毒饺子"、"毒鱼"等事件带来了消费者信任危机。目前,山东省水产品质量安全保障体系与日益增长的社会需求的差距较大,必要的水产品质量管理法规、标准、管理办法不健全,对水产品质量的监督检测机制存在缺陷,缺乏合理有效的质量监督检测章程,检验机构数量稀少,缺乏水产品疫病防控技术站点。养殖业中,添加剂等化学物质以及鱼药的滥用所导致的药残问题,不仅污染了水域环境,也引发了水产品食用安全危机。还有部分加工企业以小作坊加工为主,不仅设备简陋,而且卫生条件极差,这些都极大地影响了水产品的品质。

(4)渔业科技成果转化水平较低,渔业技术推广体系不健全。

与国外渔业发达国家相比,山东省渔业科技成果转化水平较低,原因主要在于创新成果转化机制不完善。这些不完善的地方主要表现在政府对渔业科技成果的奖励政策不完善,且对知识产权的认定、使用和保护机制不够健全,渔业科技创新成果得不到有效的保护,不能激发渔业科研人员对科技创新的积极性;作为渔业科技成果的孵化器,渔业科技中介机构的发展也不健全,不能实现作为渔业科研机构和企业的桥梁的功能。

渔业技术推广体系不健全,主要表现在:① 渔业社会化服务水平不高,科技信息服务能力不强。渔民对渔业科技信息的获取主要还需依靠国家和地方政府,然而目前山东省渔业科技信息服务能力一直不强,信息传播技术落后,手段有限,不能及时将渔业前沿科研成果传递给渔民,满足不了渔业生产发展的需要。② 水产技术推广规模不大,示范作用不明显。具体表现在水产技术推广机构示范基地的个数、养殖面积和育苗水体体积都不高;淡水项目受益农户数量少和指导面积小的劣势明显;渔民技术培训期数和人次也较少。造成这些的原因主要是山东省不仅水产技术推广机构数量不多,推广经费不足,而且推广人员本身文化水平不高专业素质也不够全面。

山东省渔业科技成果转化水平较低,渔业技术推广体系不健全,造成渔业科技成果转化率低,不仅生产设备和技术水平落后,而且产品科技含量低、附加值低,产业发展举步维艰。

(二)渔业产业化水平和组织化程度较低

提高渔业产业化水平和组织化程度,是市场经济发展的必然要求,是实现渔业现代化的有效途径,同时也是渔业产业转型升级的内在动力。在这一过程中,生产经营方式由个人小规模的"小生产"转向区域性的规模化、专业化的"大生产",不仅有利于提高劳动生产率,增加渔业从业人员收入,而且有利于人力资本的优化配置,使从事渔业第一产业的剩余劳动力向其他行业转移,最重要的是还能带动渔业相关产业的发展,创造更大的社会和经济效益。然而,山东省渔业产业还存在着产业化水平和组织化程度较低的劣势。

(1)渔业产业化水平有待提升。

山东省渔业产业化水平有待提升,主要表现在以下几个方面:一是名优品牌数量不足。在品牌建设方面,虽然省政府一直投入大量人力物力对渔业品牌进行宣传,渔业企业也都充分认识到品牌的重要性并重视自身品牌的打造,但是由于过去相关部门对于渔业品牌的建立、宣传和利用方面缺乏系统整体规划,名优品牌数量跟发达国家相比还是远远不够,在国际市场竞争中失去了领先优势。二是未形成以市场为导向的一体化产业化经营方式。目前,以市场为导向,进行养殖(捕捞)加工一体化经营、产供销一体化经营、渔

（农）工商一体化经营在国际上是渔业产业发展的大趋势，一体化产业经营能够充分利用各环节的优势资源，可以优化资源配置，形成产业合力；通过市场的带动作用，一体化的产业经营能够通过需求拉动供应链整体效率，带动渔业产业的协调发展。

（2）渔业产业组织化程度不高。

一是渔业生产单位散、小、弱，龙头企业数量不足。目前，山东省渔业生产的组织化程度较低，分散的小规模生产无法有效满足市场需求。产业模式基本以养殖、捕捞和初加工为主，生产多以家庭为单位，渔业生产单位散、小、弱的局面没有得到根本改善，个体分散经营的小生产与专业化大市场没有形成有效结合，大多数渔民仍旧被排除在大市场之外，没有实现产供销一体化的竞争优势。这一现象带来的直接后果就是渔业生产单位市场地位低下，不仅产品销售不易，而且原材料的购买也难；市场信息获得渠道不通畅，信息不全面，给管理者的决策形成阻力；贸易中面临的各种不确定性更多，抵御风险的能力弱，也不能很好地维护自身利益。渔业的规模化、标准化、组织化程度低，在整体上影响了渔业的产业化进程。

山东省拥有各类渔业企业数量不在少数，但渔业龙头企业数量不足。渔业龙头企业以水产品精深加工为主要业务，将养殖和捕捞的渔业初级原材料，加工生产成鱼粉等饲料或鱼点心等食品，延长了水产品的使用日期，使水产品的取用更为便利，产品在市场上更具活力；也可以带动渔民从事水产品加工，进而推动渔业产业化进程。由于渔业龙头企业在价值链中处于主导地位，通常可以获得最多的价值增值利润。由于龙头企业数量不足，山东省渔业产业转型升级缺乏强劲动力。

再是缺乏适合省情的渔业协会组织。由于市场机制的作用，原先承担一定管理功能的乡村组织其辅助渔业管理的功能在逐渐衰退和丧失，渔民"各自为政"，自负盈亏，再加上自身素质水平的局限性，不仅产品在市场中缺乏竞争力，而且抵御风险能力弱，更重要的是不能很好地维护自身权利，渔民为求利润也容易出现恶性竞争事件，这就需要适合省情的渔业协会的组织、服务和管理。但是目前山东省渔业协会组织数量少，且渔民参与度低，职责范围有限，不能很好地发挥应有的作用。

（3）渔业产业管理水平较低。

一是渔业管理科学化水平低，执法能力不强。渔业管理和执法不当，不仅渔业从业人员的合法利益得不到保护，甚至会打击渔业从业人员生产的积极性,而且在推行政策法律时也会难以寸进,既浪费资源又起不到预期效果,对渔业产业的发展十分不利。

目前,山东省渔业法律体系还不够健全,监督管理机制不够完善,渔业管理科学化水平低,执法能力不强。主要表现在以下几个方面。

首先,执法机构设置不完善,经费和体制方面都存在问题。山东省的渔业执法机构中,62.3%为事业单位,行政单位仅占19.1%,大多数渔业管理机构没有纳入公务员管理,经费依靠自收自支,基层管理部门经费紧张,管理设施陈旧落后,渔业执法船数量不足、装备落后,严重影响其执法能力,而且其经费主要来源于违规违法罚款、渔港管理性收费和资源保护性收费,"有法不依、执法不公、执法犯法、以法养法"的现象时有发生,严重影响了执法机构的公众形象,容易造成渔民对渔业执法的强烈抵触。现行渔业执法为双重领导机制,渔业执法机构和人员不仅受各级地方政府管理,还受上级机构在业务上的指导,归口不一导致"多头执法"现象易生,且渔业执法管理过程中行政干预过多,执法能力受限,管理效率低,再加上渔业管理部门机构设置上还存在问题,各部门职责分工不明确,不仅浪费人力、物力和财力,而且不利于实现渔业的科学管理。渔业资源具有流动性的特点,渔业管理过程中,对渔业资源的保护往往以地方利益为重,缺乏全局观念,容易导致地方保护主义泛滥,渔业管理流于形式,没有起到应有的作用。

其次,渔业管理人员素质水平不高,执法队伍建设落后。山东省渔政管理人员总数、本科及以上学历人数、渔业行政执法证持证人数都居全国首位,但本科及以上学历人员占比、持证人数占比都不是最高的,渔业管理人员文化素质和业务水平还有待加强。

再次,渔业生产安全监管不严,渔业灾害损失严重。渔业是高风险产业,渔业安全与群众的生命财产安全密切相关,也影响着地区的繁荣稳定和经济发展。近年来,山东省渔业事故和灾害频发,不仅因为渔业灾害造成了巨大的人员损失,各种生产事故时有发生,而且因违规违法或者误操作而造成的水上重大安全事故的现象仍然没有得到根本性遏制。造成这一结果的原因有以下几点:① 山东省近年来自然灾害频发,干旱、洪涝、台风等极端恶劣天气时有发生,水域生态环境污染严重,对渔业生产危害极大。② 渔业生产中,设施装备水平落后、老化,安全性能差,或者缺乏安全保障设施,再加上因对渔业机械不熟悉或疏忽而导致的误操作、为抢夺渔业资源而产生的纷争,这些都是造成渔业事故的重要原因。③ 养殖业中,对水域环境的过度开发、养殖密度过大、养殖环境恶劣、药物残留、病害防控不力等,导致水产品抗病能力弱,病害发生频繁。④ 渔业从业人员文化素质较低,对生产安全的重要性认识不足;缺乏专业的操作技能,生产中易出现操作失误而导致事故的发生;人员组成复杂,流动性强,不利于监管,增大了渔业安全监管的难度。⑤ 渔业事故和灾害规避制度不够完善,不能在发生渔业灾害的情况下及时反应、快速应对。作为"渔业大省",渔业灾情造成的数量和经济损失不容小觑,给生产安全带来巨大挑战,也暴露出目前渔业安全监管方面存在的诸多问题。

(三)渔业产业创新能力不强,人力资本缺乏

(1)渔业产业创新能力有待提高。

目前,山东省渔业产业创新能力有待提高,科技创新能力弱,成果实用价值较小。科研与生产的脱节,使渔业科研工作者不能很好地了解实际需求,更有甚者,科研工作仅仅是为了追求个人私利,致使小部分渔业科技成果在形成之初目的便不在于其实用性;还有部分成果虽已形成,但试验过程并不充分,成果还未成熟,不能很好地指导渔业生产。

这就造成了在渔业捕捞中,除渔船装备水平相对落后外,渔业生物资源和渔场勘探技术滞后,作业技术落后,且缺乏船舶制造、网具设计等关键技术的储备,使山东省在国内外竞争中常常处于被动地位。在渔业养殖中,水产养殖技术落后。在渔业加工中,加工设备陈旧落后,加工手段技术含量低。同时在基础理论研究方面,也是薄弱的一环。

(2)渔业产业人力资本供给不足。

渔业劳动力分布严重不均,渔业劳动力集中在渔业第一产业。在山东省渔业专门从业人员中,专门从事捕捞人员约占专门从业人员的29.2%,专门从事养殖人员约占专门从业人员的48.3%,二者合计约占专门从业人员的77.5%,这个比例即为渔业第一产业专门从业人员占比,可见,渔业劳动力过于集中于渔业第一产业。这一现象不仅造成生产力的极大浪费,而且使得渔业第二、三产业人力资本供给严重不足,阻碍了渔业产业的整体发展。

渔业从业人员素质水平普遍偏低,人才供给不足。在我国,渔业人力资源具有天然的劣势,渔业人口以农村人口为主。约占山东省总人口数18.5%的渔业人口,受教育程度普遍较低,文化素质较差,高年龄人员占多数,因此再学习能力弱,本身不具备专业的捕捞和养殖知识,且思想观念落后,对文化教育和职业培训认识不足,接受政府开展的技术推广、技能培训的意愿也不

强烈,很难掌握好专业的渔业知识,不能自如地应对市场和自然原因带来的风险,且维护自身合法权益的能力也不强,不能满足渔业产业发展的需要。

　　渔业收入水平低,再加上传统的"轻农"思想,阻碍了优秀人才从事渔业产业。国内物价水平一直居高不下,渔业生产资料价格也一路攀升,渔业生产成本增加,水产品市场价格却持续低迷,渔业增收难度较大;另外,涉渔管理费用种类繁多,税费重复征收的情况时有发生,渔业从业人员负担加重,纯收入水平大打折扣。渔业属于农业范畴,生产和科研实践场所基本都地处农村,很难吸引高级人才。这些都使得优秀人才不愿从事渔业产业,也使渔业产业中的优秀人才大量流失。

第六章
山东省渔业产业转型升级战略环境分析

本章将从渔业产业转型升级战略的外部环境和内部环境两个方面,对山东省渔业产业转型升级的战略环境进行分析,并针对渔业产业发展作 SWOT 分析,力求为后文转型升级战略的提出提供参考。

一、渔业产业转型升级战略的外部环境

(一)自然资源环境

(1)地理位置与气候条件。

山东省地理位置十分优越,自然条件得天独厚。山东位于华东沿海地区,东部半岛深入黄海,与朝鲜、韩国隔海相望;西部位于黄河下游、京杭大运河中北段;南接长江三角洲地区;北隔渤海与辽东半岛相对。山东境内包括半岛和内陆两部分,山东半岛是我国最大的半岛,是连接长江三角洲、珠江三角洲和京津冀地区的重要枢纽,海洋渔业资源丰富,为渔业经济发展提供了重要的保证。优越的地理位置,海岸带和近海的海域辽阔,丰富的资源,这些都为山东省渔业发展和转型升级提供了良好的"物质基础"。

山东为暖温带季风气候,气候适宜,但降水集中、季节分布不均,且多台风和寒潮。夏季多雨,易形成洪涝;春秋季少雨,冬季寒冷干燥,易形成干旱;6月到10月易生台风,且8级以上台风较多;11月到次年4月易形成寒潮,寒潮引起的大风持续时间长、强度大,因此对渔业生产具备一定的不利影响。

（2）土地资源环境。

山东省土地资源较为紧缺，全省土地总面积15.8万平方千米，约占全国的1.6%，居全国第十九位；其中耕地面积766.3万公顷，占土地总面积的48.4%。全省人均土地面积0.16公顷，居全国第二十七位；人均耕地面积0.08公顷，略低于全国平均水平（0.09公顷），居全国第二十位。土地资源的稀少，意味着作为食物重要来源的水产品十分重要，因此渔业在山东省的农业和经济发展中都占据着举足轻重的重要地位。

（3）水域资源环境。

山东水域资源条件得天独厚，尤其是海水资源条件十分优越。全省拥有近海海域面积15.95万平方千米，约占渤海和黄海总面积的37%。海岸线北起无棣县大口河，南至日照市绣针河，总长3 345千米，约占全国的1/6，排在沿海省市第二位。海洋岛屿296个，排在沿海省市第六位。岛屿岸线总长688.6千米，排在沿海省市第六位（见图6-1）。浅海滩涂面积宽广、海域辽阔，20米等深线以内的浅海面积约2.9万平方公里，滩涂面积约3千平方千米，约占全国的15%，沿岸有烟威、石岛、五磊岛-乳山、连青石和海州湾等八大渔场。全省还拥有天然海湾20余处，包括莱州湾、龙口湾、威海湾、石岛湾、靖海湾、胶州湾、海州湾等著名海湾[75]。

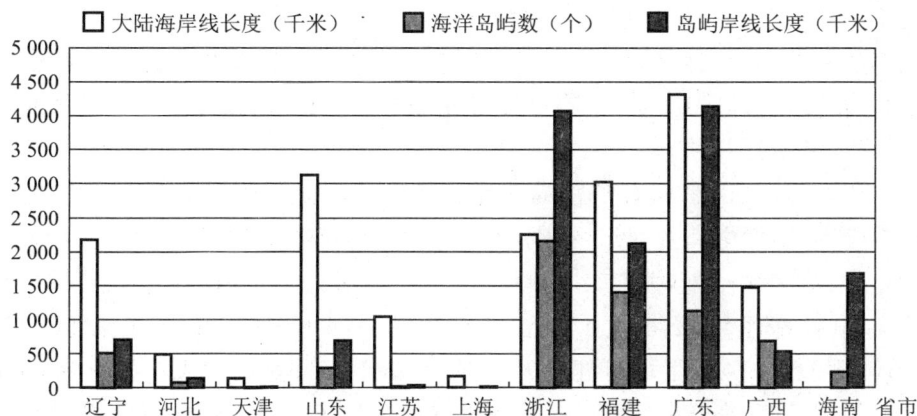

图6-1　沿海11省市海岸线及岛屿情况
数据来源：《中国海洋统计年鉴》2014

山东淡水水系也比较发达，河流、湖泊星罗棋布。省域内内陆淡水水域近29.3万公顷，可供养殖的内陆水域面积26.7万公顷；沿黄地区宜渔荒碱涝洼地、废窑坑等近36.3万公顷。主要河流除有黄河、大运河贯穿，干流长十千米以上的河流超过 1 500 条,分属黄河、淮河、海河、小清河流域和胶东水系。主要湖泊除有南四湖和北五湖两大湖群,还有白云湖、青沙湖、麻大湖等;其中南四湖包括微山湖、昭阳湖、独山湖、南阳湖,四湖总面积达到 1 266 平方千米,流域面积近 6.2 万平方千米,为全国十大淡水湖之一;北五湖包括东平湖(又名安山湖)、马踏湖、南旺湖、蜀山湖和马场湖,其中最大的东平湖湖区面积达 627 平方千米。

丰富的水域资源,为山东省渔业发展科学布局、合理规划提供了基本条件。

(4)物流运输环境。

山东省物流运输网络四通八达,"水、陆、空"全线发展迅速。2014 年,全省铁路、公路、水路共完成货物运输总量 26.1 亿吨,同比增长 0.2%;全省 8 家主要的运输机场合计完成货邮吞吐量 35 万吨,同比上年增长 5.8%。

铁路方面,山东半岛"四纵四横"的铁路布局已基本完成,京九、菏兖日、东平、蓝烟、枣临、德大、龙烟铁路以及京沪、胶济高铁建设持续快速推进,基本完成了山东半岛的铁路网络密集覆盖。

公路方面,2014 年末山东省高速公路已有 5 108 千米通车里程,位居全国第二位。计划至 2020 年,全省高速公路通车里程将达到 6 200 千米,基本完成"五纵四横一环八连"大通道的建设。

空运方面,山东省的 3 家运输航空公司共有飞机 118 架;经营性通航企业 12 家共有飞机 102 架;另有 8 家运输机场(其中 4E 级 3 家,4D 级 3 家,4C 级 2 家),4 家通用机场。

水运方面,山东拥有丰富的海岸线等水运资源。沿海海岸共有港湾 200 余处,其中较大型适合建造深水泊位的港湾有八角、芝罘湾、龙口湾、胶州湾、威海湾、龙洞嘴多处岬角,这些岬角伸至大海深处,有条件建造大吨位码头。目前,山东省有 51 处港址可建造 10～20 吨级深水泊位,有 14 处港址可建造 5 万吨级泊位,14 处港址可建造万吨级泊位,山东目前已形成大型海港 26 个,50 万吨以上的港口有威海港、青岛港、烟台港、石臼港、岚山港和龙口港,大型泊位 200 多个。2015 年,山东省沿海港口货物吞吐量突破 13 亿吨,同比增长 4.37%。青岛、日照、烟台三大港口累计完成货物吞吐量 11.89 亿吨,约占沿海港口货物吞吐量的 88.6%。全省内河港口吞吐量累计完成 7 920.5 万吨,同比增长 6.27% [76]。形成了京杭运河、小清河、卫河和南四湖为主的内河航运体系与滕州港、济宁港、临清港、微山港等内河航运节点。

（5）旅游资源环境。

山东有着丰富的旅游资源,岛屿海滩、河流湖泊和山岳人文景观等优势旅游资源有着重要的开发利用价值,为休闲渔业等渔业服务业的发展创造了条件。

山东沿海地区的滨海旅游资源较他省更为丰富,不仅海湾和海滩遍地可寻,而且大大小小的岛屿难计其数,这些岛屿大多地貌奇特,再加上沿海地区宜人的气候,优美的风景,水产品丰富,为避暑胜地,适合开发滨海休闲渔业项目。河流湖泊景观方面,有东平湖、大明湖、趵突泉等景区,适宜开发河湖休闲渔业项目。

山岳景观方面,有誉满天下的泰山、"奇秀不减雁荡"日照五莲山、"亚岱"蒙山、水泊梁山、青岛崂山,还有千佛山、博山、昆嵛山、铁槎山、罗山等各具特色;人文景观方面,有世界文化遗产曲阜"三孔"(孔府、孔庙、孔林)、运河古城台儿庄、佛教历史文化园龙口南山、甲午战争纪念地威海刘公岛、"人间仙境"蓬莱阁,还有徐福东渡琅琊台等。大量的名胜古迹,弥补了休闲渔业形式单一的缺憾,也为休闲渔业吸引了大量的游客,与休闲渔业等渔业服务业相辅相成,相互促进。

（二）产业竞争环境

（1）国际贸易环境。

水产品进出口贸易方面,中国水产品的主要出口对象为日本、美国、韩国等,主要出口品种为鱿鱼、河鳗、挟鳕等;主要进口对象为俄罗斯、美国、秘鲁、东盟等,主要进口品种为鱼粉、挟鳕、鳕鱼等。近几年来,水产品国际贸易环境不容乐观,山东省渔业对外贸易面临巨大挑战,原因主要有以下四方面:

第一,受FAT扩散、经济全球化等因素影响,国外贸易伙伴都在积极实施多元化渔业发展战略,进出口贸易需求减少。2000年,中国与贸易规模排名前五的国家贸易比重为74%,到2014年下降到49%,减少了25%。

第二,全球性金融危机频发、油价暴跌和汇率变动等因素,导致全球经济不稳定,在一定程度上抑制了水产品消费。尤其是中国最大的出口市场以及山东省的近邻日本,受全球经济变动影响严重,在日本内需疲软和日元贬值的双重作用下,自2012年以后中国对日本的水产品出口持续减少。

第三,渔业生产成本不断上涨,水产品的竞争优势丧失。国内油价"居高不下",渔业对渔船极度依赖,油价的上涨大大增加了总成本;国内物价水平的提高,带动各种原材料、生产设备和人力成本的提高;人民币升值,更是变相提高了生产成本。

第四,国家之间水产品竞争激烈,贸易壁垒增多,水产品市场价格持续低迷。

(2)国内贸易环境。

国内水产品市场方面,尽管传统市场以鲜活水产品为主,但是水产品加工品的销量却逐年增长。导致这一趋势的主要原因是大规模的城镇化,居民的消费习惯也在发生改变,比起去传统市场购买鲜活水产品,很多人开始选择去超市和商店购买品种更为多样、储存更为方便的水产品加工品。外国一些企业根据这一现实,纷纷在中国设立大型连锁超市,如法国的家乐福、德国的麦德龙、美国的沃尔玛。

作为进料加工大省的山东,自2013年起就未能保住"出口第一大省"的地位,2013年的出口量和出口额、2014年的出口额均落后于福建省。

(三)区域经济发展环境

(1)经济发展总体情况。

近年来,山东省经济运行平稳有序,地区生产总值保持固定增幅(见图6-2)。根据2014年统计数据显示,山东省GDP为59 426.6亿元,同比增长7.6%,排名在广东省、江苏省之后,位列全国第三,约占我国GDP总量的9.3%(见图6-3);其中山东半岛蓝色经济区生产总值27 715.4亿元,对全省经济增长贡献率约为46%;省会城市群经济区生产总值20 879.4亿元,对全省经济增长贡献率约为36.5%。人均国民生产总值60 879元,同比增长

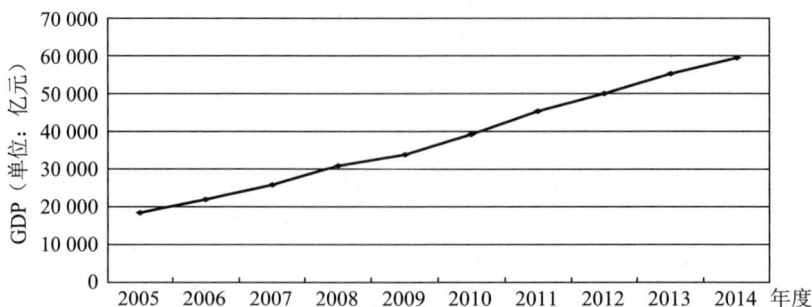

图 6-2　山东省历年地区生产总值情况

数据来源:国家统计局网站 http://data.stats.gv.cn

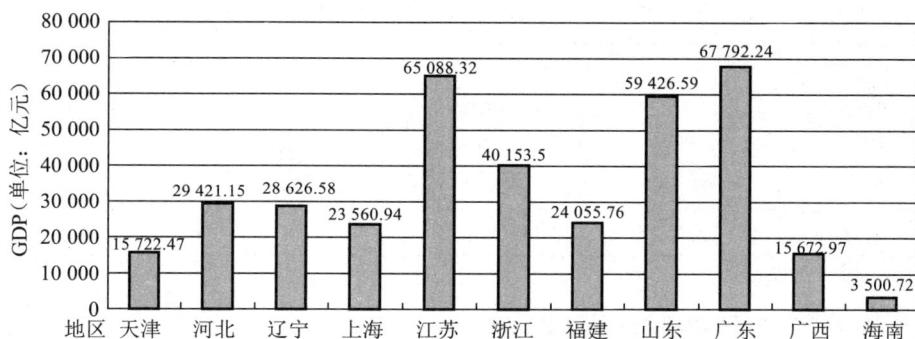

图 6-3　2014 年沿海 11 省市地区生产总值情况
数据来源：国家统计局网站 http://data.stats.gv.cn

8.1%。

2013 年，山东与广东、江苏一起被由香港、深圳等地学者组成的中国城市竞争力研究会评选为"2013 中国最具综合竞争力省区"。2014 年，山东成为世界帆船赛、世界园艺博览会、APEC 贸易部长会议等的举办地。

（2）居民收支与生活水平。

近年来，山东省无论是城镇居民，还是农村居民，可支配收入逐年提高，消费性支出需求也日益增大。如表 6-1 所示，居民消费结构和消费理念也在发生着变化，解决温饱之余，对于文化休闲娱乐生活的需求日益增长。随着闲暇时间的增多，旅游和度假成为时尚，为休闲渔业的发展创造了条件，也为渔业发展提供了更为广阔的市场前景。

表 6-1　山东省历年城镇和农村居民收支情况

山东省　　年　度	城镇居民		农村居民	
	人均全年可支配收入（元）	人均全年消费性支出（元）	人均全年纯收入（元）	人均全年生活消费支出（元）
2005	10 745	7 457	3 931	2 736
2006	12 192	8 468	4 368	3 144
2007	14 265	9 667	4 985	3 622
2008	16 305	11 007	5 641	4D77
2009	17 811	12 013	6 119	4 417
2010	19 946	13 118	6 990	4 807
2011	22 792	14 561	8 342	5 901
2012	25 755	15 778	9 446	6 776

山东省 年　度	城镇居民		农村居民	
	人均全年可支配 收入(元)	人均全年消费性 支出(元)	人均全年纯收入 (元)	人均全年生活消费 支出(元)
2013	26 882	16 646	10 620	7 393
2014	29 222	18 323	11 809	7 962

数据来源:《山东统计年鉴》2006～2015

(四)渔业科技发展环境

良好的科技发展环境,能形成学科配套、优势突出、功能强大的科技创新平台,进而催生出种类繁多、形式多样的科技成果,指导产业进行技术和装备更新,提高产品附加值,最终推动产业的发展。

山东省高校、科研院所力量雄厚,科研人才资源充足,科研基础设施和学科配套较为完备,科研投入持续增加,渔业科研开发体系优势突出,成为国内名列前茅的科技研发和人才培养基地,为渔业科研攻关、成果转化和产业发展奠定了良好的科技基础(见表6-2)。

表6-2　山东省历年农业科研情况

山东省 年　度	农业重要 科技成果 数量(个)	农林牧渔业 R&D折合全 时当量(人年)	农林牧渔业 R&D经费内 部支出(万元)	农林牧渔业 R&D经费外 部支出(万元)	农林牧渔业有 研究开发活动 单位数(个)	农林牧渔业研 究与试验发展 人员(人)
2009	306	331	4 770	59	25	386
2010	391	671	10 779	163	48	841
2011	305	1 083	28 040	1 112	52	1 297
2012	338	1 008	26 628	1 112	47	1 200
2013	297	780	23 887	1 105	34	954
2014	440	780	23 887	1 105	34	954

数据来源:《山东统计年鉴》2010～2015

山东省共有高等学校139所,其中涉及海洋、渔业、生物等专业的"211工程"、"985工程"高校主要有中国海洋大学和中国农业大学(烟台),省属及地方本科高校主要有山东农业大学和青岛农业大学[77]。海洋与渔业研究所主要有中国水产科学研究院黄海水产研究所、中科院海洋研究所、中科院烟台海岸带可持续发展研究所、山东海洋工程研究院等。这些海洋与渔业科研开发、教学机构共计有57个,其中中央驻鲁单位20个;合计建有博士后工作站 10 个,55 个博士点,171 个硕士点;拥有 20 名院士,450 余名博士生导师;拥有 29 个重点实验室(省部级以上);拥有 1 200 多套大型仪器设备,固定资产原值近 10 亿元[78]。除此之外,山东省还拥有 7 个关于盐碱地渔业综合利用、海水养殖新品种和良种培育、水产饲料、海洋药物、生化制品等方面的工程技术研发中心,3 个农业部渔业科技示范场,6 个省级研究所科技成果转化基地,160 余处名优水产养殖试验示范基地;拥有鱼类、贝类、虾蟹类、刺参共计 4 个省级技术创新团队。

山东省发展海洋渔业有其独特的区位优势,青岛、烟台、威海是首批国家海洋高技术产业基地试点城市,海洋渔业是山东省的传统优势产业,因此,海洋科研力量较淡水渔业而言更为雄厚。中央和省政府都十分重视人才培养和科技创新平台建设,在科研基础设施建设方面也投入了大量资金。2013 年,全省拥有海洋科研机构 21 个,居全国第三位。科研从业人员 3 864 人,居全国第三位。海洋科技活动人员 3 181 人,居全国第三位,其中博士有 809 人,居全国第二位;硕士 884 人,居全国第三位;本科 966 人,居全国第三位;大专 370 人,居全国第二位。其中高级职称 1 146 人,居全国第二位;中级职称 1 269 人,居全国第二位;初级职称 606 人,居全国第三位。海洋科研机构经费收入总额近 324.8 亿元,居全国第二位;其中经费 264.8 亿元,居全国第三位;基本建设中政府投资近 60 亿元,居全国首位(见表 6-3)。

表 6-3　2013 年山东省海洋科研发展环境情况

全国排名 项　目	1		2		3	
	地区	数量	地区	数量	地区	数量
海洋科研机构数(个)	北京	24	广东	24	山东	21
海洋科研从业人员(人)	北京	13 976	上海	4 039	山东	3 864
海洋科技活动人员(人)	北京	12 371	上海	3 366	山东	3 181
博士(人)	北京	3 696	山东	809	广东	802
硕士(人)	北京	3 624	上海	1 052	山东	884
本科(人)	北京	3 055	上海	1 189	山东	966
大专(人)	北京	974	山东	370	上海	354
高级职称(人)	北京	5 274	山东	1 146	广东	1 077
中级职称(人)	北京	4 053	山东	1 269	上海	1 041
初级职称(人)	北京	1 454	上海	788	山东	606

项　目 ＼ 全国排名	1		2		3	
	地区	数量	地区	数量	地区	数量
海洋科研机构经费收入总额(万元)	北京	10 200 232	山东	3 247 585	上海	3 072 266
经费(万元)	北京	9 848 772	上海	2 980 036	山东	2 648 434
基本建设中政府投资（万元）	山东	599 151	北京	351 460	广东	135 022

数据来源:《中国海洋统计年鉴》2014

（五）政策法律环境

（1）国际政策法律环境。

1982 年的《联合国海洋法公约》规定,沿海国由其领海基线(包括正常基线或直线基线)向陆一侧起始,至陆地领土之间为该国内水,沿海国对其有完全司法管辖权;由其领海基线向海量起,12 海里内为该国领海,其拥有立法管辖权与执法管辖权,但有一定程度的限制;24 海里内为该国毗邻区,其拥有有限的执法权利;200 海里内为该国专属经济区,其拥有勘探、开发、养护和管理水域和自然资源的主权权利。

《中日渔业协定》、《中韩渔业协定》以及《中越北部湾渔业协定》三个渔业协定的签订,将专属经济区制度的正式实施提上日程,我国东海、黄海和北部湾渔业管理制度发生了根本变化,渔民的传统作业渔场不再合法。

再如朝东项目的搁置不前,朝鲜东部海岸渔业资源尤其是鱿鱼资源丰富,开发潜力较大,一直是山东省远洋渔业产量的重要来源地。2013 年,朝鲜突然提出改变合作协议部分内容,导致农业部紧急下发通知,暂停本年度朝鲜东部海域远洋渔业项目,所有中国渔船不得赴朝鲜海域生产,造成远洋渔业产值产量比预计减少。

（2）国内政策法律环境。

中央和省委、省政府一直高度重视渔业发展,形成了一系列有利于渔业产业发展的战略、政策、法律和措施文件。近年来,这些文件中影响较大的主要有以下方面。

地位最重要的是《渔业法》,规定了在国内水域环境开发、利用、保护和增殖渔业资源过程的各项事务。1986 年 1 月,《中华人民共和国渔业法》诞生,1987 年 10 月又发布了《中华人民共和国渔业法实施细则》[79],并于 2013 年

12 月进行了对《渔业法》的第五次修改。

为促进山东省渔业产业的发展,1997 年,国务院颁布了《农业部关于进一步加快渔业发展的意见》。2010 年 8 月,山东省政府发布了 2011～2015 年《山东省渔业振兴规划》。2011 年,《山东省渔业发展第十二个五年规划》印发。2013 年 3 月,《国务院关于促进海洋渔业持续健康发展的若干意见》发布。2014 年,《山东省关于推进"海上粮仓"建设的实施意见》发布。这些文件为山东省渔业产业结构调整与升级、建设现代渔业、由渔业大省向渔业强省转变指明了方向。"蓝黄"两大战略规划(《山东半岛蓝色经济区发展规划》、《黄河三角洲高效生态经济区发展规划》)和《山东省国民经济和社会发展第十二个五年规划纲要》也把渔业产业发展作为重要建设内容。2009 年 8 月,山东省渔业十大工程规划论证会议召开,并从 2009 年开始实施包括渔业资源修复工程、渔港及渔港经济区建设工程、500 万亩标准化生态鱼塘整理工程、海外渔业工程、平安渔业工程、渔业良种工程、渔船标准化改造工程、渔业科技创新与信息化工程、水产品质量保障工程和海洋与渔业信息化工程在内的十大工程。

渔业资源保护和修复方面,2002 年,山东省根据《中华人民共和国渔业法》出台了《山东省渔业资源保护办法》,9 月 1 日起正式实施,提出了渔业资源保护的指导性意见和标准规范。2005 年 3 月,《山东省渔业资源修复行动规划》通过专家论证,提出了针对生态恶化、污染加重、种群资源减少等情况采取的修复渔业资源和水域生态的环境保护行动。2006 年 2 月 14 日,国务院发布《中国水生生物资源养护行动纲要》。2015 年,《山东省珍稀濒危水生野生动物拯救保护规划》编制完成。为了加强了种质资源保护,2005 年 4 月,农业部颁布了《水产苗种管理办法》。增殖放流方面,2009 年,农业部公布了《水生生物增殖放流管理规定》,有效地促进了增殖放流活动。2008 年 10 月,《山东省渔业养殖与增殖管理办法》开始实施。近年来,山东省连续在南四湖、东平湖、峡山水库等淡水湖及水库开展增殖放流行动,渔业资源修复取得一定成效。

环境保护方面,2004 年山东省审议通过的《山东海洋环境保护条例》,为保护海洋和渔业资源、防治污染、促进可持续发展提供了法律依据。2010 年 6 月 12 日,山东省财政厅、海洋与渔业厅联合制定印发了《山东省海洋生态损害赔偿费和损失补偿费管理暂行办法》,这是我国首个海洋生态方面的补偿赔偿办法,对加强海洋环境、渔业资源保护、整治和恢复海洋生态,促进海洋经济可持续发展起到了积极作用[80]。2015年8月,中央出台了《党政领导干部生态环境损害责任追究办法(试行)》,加强了领导干部对生态环保的重视。具体生态整理规划方面,《莱州湾生态整理示范工程规划》已经出台。

限制捕捞强度方面,《渔业法》规定了捕捞许可证制度,实行捕捞限额制度,由渔业行政主管部门对可捕捞标准、渔具和捕捞方法、禁渔区和禁渔期制度等做出了规定。2013年,国家修订《渔业捕捞许可管理规定》,编制了《全国海洋捕捞渔具目录》、《海洋捕捞准用和过渡渔具最小网目尺寸制度》和《禁用渔具目录》。

渔业装备和基础设施建设方面,2007年7月,《山东省渔业港口和渔业船舶管理条例》正式实施。2012年,山东省出台了《山东省省级现代渔业园区建设规划》,该《规划》是全国首部省级现代渔业园区建设规划。

财政资金支持方面,对渔业支持的资金不断上涨,山东省仅在渔业十大工程上已计划在5到10年的时间里总投资500多亿元。在资金筹措方面,来源除包括中央的渔业资源修复专项拨款和现代农业专项拨款外,还有省内的海域使用金和远洋渔业资金等财政扶持基金,另外,还积极吸引金融资本和社会资金的参与[81]。

发展休闲渔业方面,2013年,山东省制定了《山东省休闲渔业发展规划》,之后又颁布了《关于培育和发展休闲海钓产业的实施意见》、《山东省休闲海钓管理暂行办法》、《山东省休闲海钓钓场认定办法(试行)》、《山东省省级休闲海钓基地评定办法》、《山东省内陆省级休闲垂钓基地评定办法》。

渔业管理与执法能力方面,2004年农业部制定发布了《渔业行政执法六条禁令》。2009年8月,山东省海洋与渔业厅印发了《山东省水产品质量安全管理行政处罚案件执法规程》,2010年11月,农业部签发《关于深入推进依法行政加强渔政队伍规范化建设的通知》,目的在于切实提高渔政队伍依法行政能力和整体素质。2011年,山东省制定下发了《全省海洋与渔业系统依法行政第五个五年规划》和《全省海洋与渔业系统法制宣传教育第六个五年规划》,明确了全省渔业法制建设的指导思想和基本原则,确立了渔业执法工作的目标;同时制订了《关于实施全省海洋与渔业督察制度的意见》,批准成立了山东省海洋与渔业督查委员会,在全国率先实施了渔业督察制度。2012年,制定出台《山东省海洋与渔业厅规范性文件制定程序规定》。2013年1月,农业部办公厅下发了重新修订完善的《渔业行政执法协作办案工作制度》。2014年8月,《山东省海洋与渔业行政处罚裁量权基准》开始实施。

渔业生产监管方面,2012 年 12 月,农业部签发了《渔业船舶水上安全事故报告和调查处理规定》,进一步明确事故处理的标准、程序和方式。

水产品质量安全监管方面,2011 年 5 月,《山东省农产品质量安全条例》被审议通过,从获取、生产到监督检查,涉及全部环节,对产品质量提出了法律性的规范要求。2013 年,山东省海洋与渔业厅印发了《2013 年全省水产品质量安全整治方案》,并完成了《山东省人民政府关于水产品质量安全监督管理的特别规定》的起草制定工作。2013 年 10 月,山东省印发《山东省水产品质量安全事故应急预案》。2015 年 10 月,农业部签发了《关于开展水产品质量安全监管与执法交叉督查工作的通知》,检查全国各地水产品质量安全监管与执法工作进展情况,促进安全监管能力与执法队伍水平的提高。

渔业科技方面,2014 年 12 月,山东省印发了《山东省海洋与渔业厅现代农业产业技术体系渔业创新团队管理办法》,通过科技创新推动渔业产业持续发展。为了提升山东省海洋科技的协同创新能力,推动科技与产业的持续融合发展,2015 年 1 月,山东省海洋与渔业厅又印发了《山东省海洋工程技术协同创新中心管理暂行办法》,在全省范围内择优创建了一批海洋工程技术协同创新中心。

（六）社会文化环境

（1）行政区划环境。

山东省下辖地级市 17 个,其中包括副省级市 2 个(济南、青岛),沿海城市 7 个,分别是青岛、烟台、威海、日照、潍坊、东营、滨州,共有县级单位 137 个,其中沿海县级单位 35 个,乡镇级单位 1 826 个。2014 年,山东省海洋与渔业厅发布了《山东省渔业发展第十二个五年规划》,结合全省各地区的资源条件,将山东省划分为五个现代渔业发展区域(见表 6-4)。

表 6-4　山东省渔业区域布局

渔业发展区域	地域区划	渔业发展重点	区域评价
山东半岛蓝色经济区现代渔业主导区	山东全部海域和青岛、东营、烟台、潍坊、威海、日照 6 市及滨州市的无棣、沾化 2 个县	海洋渔业	渔业发展的核心区;水产品主要出口和消费市场
黄河三角洲高效生态经济区现代渔业示范区	东营市,滨州市,潍坊市的寒亭区、寿光市、昌邑市,德州市的乐陵市、庆云县,淄博市的高青县和烟台市的莱州市	淡水渔业	渔业发展空间和潜力最大的优势地区;重要的优质特色水产品生产基地

渔业发展区域	地域区划	渔业发展重点	区域评价
黄河故道及沿黄生态渔业建设区	德州、聊城、淄博、济南、菏泽等市	淡水渔业	重要的水产品供应和消费市场
滨湖净水型健康养殖示范区	济宁市、泰安市	淡水渔业	最大的淡水水产品生产和供应优势区
鲁南丘陵特色生态渔业拓展区	枣庄市、临沂市、莱芜市	淡水渔业	重要的淡水鱼生产和供应基地;淡水特色渔业重点区域

资料来源:《山东省渔业发展第十二个五年规划》

（2）人口资源条件。

统计资料显示,2014 年,山东省人口总数 9 747 万人,是中国人口第二大省,仅位于广东省之后;其中农村人口 5 462 万人,约占总人口的 56%;城镇人口 4 285 万人,约占总人口的 44%（见表 6-5）。

表 6-5　山东省历年人口资源情况

山东省 年度	总人口 （万人）	农村人口 （万人）	城镇人口 （万人）	人口密度 （人/平方公里）
2005	9 212	6 066	3 147	589
2006	9 282	6 055	3 228	592
2007	9 346	5 909	3 436	596
2008	9 392	5 860	3 532	599
2009	9 449	5 902	3 548	603
2010	9 536	5 698	3 839	610
2011	9 591	5 646	3 945	613
2012	9 580	5 559	4 021	616
2013	9 612	5 482	4 130	619
2014	9 747	5 462	4 285	620

数据来源:《山东统计年鉴》2006～2015

（3）农民文化素质水平。

近年来,山东省农村住户劳动力人口数量和占家庭人口比重一路攀升,2014 年分别达到 12 358 人和 79.6%,其文化素质水平也提升明显,文盲（不识字或识字很少）人数占比由 2005 年的 5.4% 降至 3.6%,相反,大专及以上学历水平人数占比由 2005 年的 1.2% 升至 7%。尽管如此,山东省农村住户劳动力的文化程度总体偏低,绝大多数人员仅依照国家政策完成了九年义务教育(见表 6-6)。

表 6-6　山东省历年农村住户劳动力文化程度情况　　　　单位:人

山东省 年　度	家庭人口	整半劳动力	不识字或识字很少	小学	初中	高中（中专）	中专	大专及以上
2005	15 382	11 283	613	2 053	6 334	1 701	441	141
2006	15 298	11 295	621	1 984	6 358	1 707	460	165
2007	15 204	11 315	549	1 888	6 484	1 724	478	192
2008	15 121	11 295	521	1 847	6 349	1 856	498	224
2009	15 012	11 264	511	1 792	6 401	1 740	515	305
2010	14 878	11 195	486	1 848	6 266	1 718	541	336
2011	14 678	11 454	360	1 967	6 246	1 682	484	715
2012	14 591	11 530	399	2 047	6 242	1 651	469	722
2013	15 509	12 295	464	2 471	6 661	1 907	0	792
2014	15 519	12 358	444	2 303	6 782	1 965	0	864

数据来源:《山东统计年鉴》2006～2015

(4)农村社会保障水平。

近年来,山东省农村住户就业劳动力占家庭人口比重逐年降低,由 2008 年的 73% 减少至 69.7%,但是医疗保险和养老保险参保率却逐年提高,且医疗保险参保率一直很高,7 年内未参保率由 1% 降至 0.3%;养老保险参保率提升明显,7 年内未参保率由 79.4% 锐减至 2.6%,尤其是 2013 年,直降了 19.2% 之多(见表 6-7)。

表 6-7　山东省历年农村住户就业劳动力参保情况　　　　单位:人

山东省　　　年　度	2008	2009	2010	2011	2012	2013	2014
家庭人口	15 121	15 012	14 878	14 678	14 591	15 509	15 519
就业劳动力	11 033	10 924	10 930	10 385	10 347	10 983	10 814
参加农村新型农村合作医疗	10 651	10 582	10 585	9 934	9 911	10 413	9 974
参加城镇医疗保险	256	281	285	389	393	541	782
参加商业医疗保险	133	91	135	110	106	60	63
参加其他医疗保险	58	41	7	3		7	10

年度 \ 山东省	2008	2009	2010	2011	2012	2013	2014
未参加任何医疗保险	115	77	80	83	68	20	29
参加农村社会养老保险	1 268	1 455	2 041	6 793	7 339	10 048	9 599
参加城镇基本养老保险	567	627	570	658	666	672	893
参加商业养老保险	277	260	340	260	238	114	105
参加其他养老保险	186	192	30	13	1	8	15
未参加任何养老保险	8 758	8 414	7 970	2 752	2 202	226	280

数据来源:《山东统计年鉴》2009～2015

二、渔业产业转型升级战略的内部环境

(一)渔业产业发展的内部资源

(1)渔业人口与从业人员。

2014 年,山东省拥有渔业人口 181.2 万人,约占全国渔业人口的 8.9%,约占全省总人口数的 1.9%;其中传统渔民 65.4 万人,约占全国传统渔民的 9.5%,约占全省渔业人口的 36.1%。渔业从业人员 148.9 万人,约占全国渔业从业人员的 10.4%,约占全省总人口的 1.5%;其中渔业专门从业人员 75.4 万人,约占全国渔业专门从业人员的 9.6%,约占渔业从业人员的 50.6%;专门从事捕捞人员 22.1 万人,约占专门从业人员的 29.2%;专门从事养殖人员 36.4 万人,约占专门从业人员的 48.3%。另外,山东还拥有渔业乡 96 个,居全国第二位;渔业村 1 346 个,居全国首位;渔业户 467 733 户,居全国第四位(见表 6-8)。

表 6-8　各地区渔业人口与从业人员情况

全国排名 \ 项目	1		2		3		4		5	
	地区	数量	地区	数量	地区	数量	地区	数量	地区	数量
渔业乡(个)	辽宁	132	山东	96	广东	92	浙江	75	福建	53
渔业村(个)	山东	1 346	广东	1 026	湖北	856	浙江	766	辽宁	690
渔业户(万户)	湖北	51.9	广东	50.3	四川	48.4	山东	46.8	福建	42.8
渔业人口(万人)	广东	235.2	山东	181.3	湖北	178.4	福建	173.8	四川	166.0

全国排名　　项　目	1		2		3		4		5	
	地区	数量	地区	数量	地区	数量	地区	数量	地区	数量
传统渔民（万人）	广东	103.8	福建	92.0	湖北	74.4	山东	65.4	江苏	44.7
渔业从业人员（万人）	山东	148.9	广东	129.7	湖北	129.4	四川	115.4	江苏	116.2
渔业专门从业人员（万人）	湖北	89.8	广东	85.2	山东	75.4	江苏	68.2	福建	58.3

数据来源：《中国渔业统计年鉴》2015

　　通过对上述数据的分析，我们认为，山东省渔业人口和渔业从业人员在全国占比较大，渔业人口以传统渔民为主，渔业从业人员中专门从事养殖的人员远多于专门从事捕捞的人员。另外，山东省渔业乡、渔业村、渔业户数量都在全国居前列，说明其对渔业依赖程度还是非常大的。

　　（2）渔业人口收支水平。

　　据 2014 年调查数据显示，以调查户数 1 000 户为基准，山东渔民人均纯收入 16 012.38 元，同比增长 11.3%。渔民家庭总收入 29 269.34 万元，同比增长 4.2%；渔民家庭总支出 25 700.25 万元，同比增长 2.5%；渔民家庭纯收入 8 245.66 万元，同比增长 16.7%。根据国家统计局网站数据，2014 年全国居民消费价格指数（上年为 100）为 102。可见，本年度渔民收入水平增长幅度较大。

　　根据山东省历年渔民收入和支出情况（见表 6-9），渔民家庭总收入和总支出都在 2011 年激增到最高点，2013 年又降至一般水平，2014 年略有提高；渔民家庭总支出占总收入的比值节节攀升，但从 2012 年开始呈现缓缓下降趋势；渔民家庭纯收入和人均纯收入保持稳定增长；渔民家庭生活消费支出水平从 2011 年起开始逐年下降，2014 年略有提高；渔民家庭生产补贴整体波动增长，2013 年达到最高，2014 年又降至一般水平。可见，山东省渔民生活水平并没有得到显著提升。

表 6-9　山东省历年渔民收支情况

山东省　年度	渔民家庭总收入（万元）	渔民家庭总支出（万元）	渔民家庭总支出占总收入的比值（%）	渔民家庭纯收入（万元）	渔民人均纯收入（元/人）	渔民家庭生活消费支出（万元）	渔民家庭生产补贴（万元）
2005	17 475	12 910	73.88	4 565	7 200	1 936	N/A

山东省 年度	渔民家庭 总收入 （万元）	渔民家庭 总支出 （万元）	渔民家庭总 支出占总收 入的比值 （%）	渔民家庭 纯收入 （万元）	渔民人均 纯收入 （元/人）	渔民家庭生 活消费支出 （万元）	渔民家庭 生产补贴 （万元）
2006	22 863	18 081	79.08	4 782	7 519	2 450	N/A
2007	22 458	17 213	76.65	5 245	8 136	63 546	N/A
2008	23 878	22 152	92.77	5 733	8 816	2 277	N/A
2009	21 102.91	17 519.51	83.02	6 632.94	9 565.04	1 716.56	431.16
2010	21 741.34	17 720.61	81.51	7 538.81	10 416	2 000.5	381.12
2011	68 959.95	69 296.08	100.49	9 729.03	11 387	4 432.18	1 651.85
2012	53 575.31	50 451.65	94.17	10 496.01	12 533	4 260.34	1 423.87
2013	28 090.81	25 066.06	89.23	7 068.44	14 388.00	3 463.82	2 458.53
2014	29 269.34	25 700.25	87.81	8 245.66	16 012.38	4 149.61	1 256.44

数据来源:《中国渔业统计年鉴》2006～2015

（3）渔业固定资产投资。

山东省十分重视渔业固定资产投资,近年来,渔业固定资产投资额都保持在较高水平。（见图6-4）

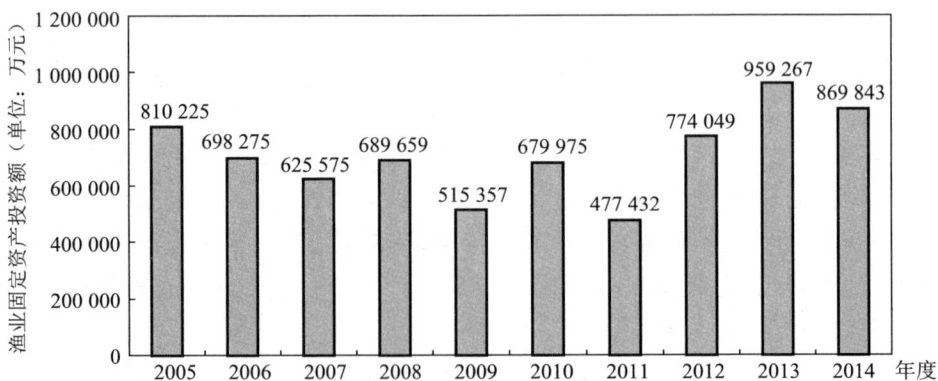

图6-4　山东省历年渔业固定资产投资情况
数据来源:《山东统计年鉴》2006～2015

（4）渔业科技。

科学技术对产业的推动作用一直是具有决定性的。渔业科技的内涵丰富,始终引领着山东省渔业产业的创新发展。历史表明,每一次的渔业科技创新,都能带来渔业产值和产量的巨大突破。20 世纪 60 年代,山东省率先实现了对海带苗种培育和筏式养殖技术难关的突破,使我国海带产量跃居全球首位。之后随着其他渔业养殖技术的相继突破,渔业养殖产量得以大幅提升,推动了我国渔业生产由以捕捞业为主向以养殖业为主的结构性转型升级。

现如今,山东渔业科研人员密切关注产业技术前沿动态,不断进行科研创新,致力于成果转化,形成了一系列优势明显、效果突出的渔业科技成果,为渔业产业的转型升级提供了强大的推动力。2000 年以后,山东科研与教学机构先后承担了 700 余项海洋与渔业领域的国家 973 项目、"863"计划项目和自然科学基金项目[82]。2006 年山东实施了"渔业科技入户"工程,确定了刺参、大菱鲆等主导养殖品种 22 个和循环水养殖技术等实用技术 10 项,在 83 个渔业重点县实施了基层渔业技术推广体系改革与建设项目[83]。目前,山东在水产良种培育方面的多项技术都取得了较大突破,对海藻和贝类的某些研究和应用在全国乃至国际都处于领先地位,

山东省的海洋科研也显现出了巨大的潜力,自主创新能力各项指标都保持在国家前列,支撑和引导海洋渔业发展的作用较强。2013 年,全省海洋科研机构科技课题数共计 1 681 项,居全国第四位;其中基础研究 559 项,居全国第三位;应用研究 511 项,居全国第三位;试验发展 327 项,居全国第六位;成果应用 185 项,居全国第三位;科技服务 99 项,居全国第八位。海洋科研机构发表科技论文 2 094 篇,居全国第二位;其中国外发表 770 篇,居全国第二位;海洋科研机构出版科技著作 39 种,居全国第三位。海洋科研机构专利申请受理数 455 件,居全国第三位;其中发明专利 363 件,居全国第三位;海洋科研机构专利授权数 370 件,居全国第二位;其中发明专利 226 件,居全国第四位;海洋科研机构拥有专利总数 678 件,居全国第四位。海洋科研机构 R&D 人员 2 954 人,居全国第三位;海洋科研机构 R&D 经费内部支出 1 917 428 千元,居全国第二位;海洋科研机构 R&D 课题数 1 397 项,居全国第三位。(见表 6-10)

表 6-10　2013 年山东省海洋科研情况

全国排名 项目	1		2		3		4		5	
	地区	数量	地区	数量	地区	数量	地区	数量	地区	数量
海洋科研机构科技课题数(项)	北京	6 045	江苏	1 889	广东	1 864	山东	1 681	上海	1 127

全国排名 项目	1		2		3		4		5	
	地区	数量	地区	数量	地区	数量	地区	数量	地区	数量
基础研究（项）	北京	1 652	广东	661	山东	559	福建	202	浙江	74
应用研究（项）	北京	1 377	广东	555	山东	511	江苏	411	上海	301
试验发展（项）	北京	1 212	江苏	880	上海	411	广东	343	天津	335
成果应用（项）	北京	378	江苏	373	山东	185	上海	116	天津	114
科技服务（项）	北京	1 426	上海	264	广东	263	浙江	207	天津	201
海洋科研机构科技论著										
海洋科研机构发表科技论文（篇）	北京	6 238	山东	2094	广东	1 889	上海	1 105	江苏	969
国外发表（篇）	北京	2 609	山东	770	广东	714	江苏	307	上海	184
海洋科研机构出版科技著作（种）	北京	144	河北	43	上海、山东	39			广东	32
海洋科研机构科技专利										
海洋科研机构专利申请受理数（件）	北京	2 228	上海	1 073	辽宁	575	山东	455	广东	327
发明专利（件）	北京	1 988	上海	853	辽宁	526	山东	363	广东	238
海洋科研机构专利授权数（件）	北京	1 435	上海	625	山东	370	辽宁	324	广东	226
发明专利（件）	北京	1 007	上海	432	辽宁	263	山东	226	广东	149
海洋科研机构拥有专利总数（件）	北京	5 949	上海	1 882	辽宁	1 544	山东	678	广东	527
海洋科研机构 R & D										
海洋科研机构R & D人员（人）	北京	10 283	广东	3 281	山东	2 954	上海	2 727	江苏	1 695
海洋科研机构R & D经费内部支出（千元）	北京	6 156 253	山东	1 917 428	上海	1 763 624	广东	1 118 513	天津	696 242
海洋科研机构R & D课题数（项）	北京	4 241	广东	1 559	山东	1 397	江苏	1 344	上海	747

数据来源:《中国海洋统计年鉴》2014

（二）渔业产业发展的内部能力

（1）渔业品牌。

山东省十分重视渔业品牌建设，组织实施了"渔业品牌打造工程"，通过多家网站进行渔业品牌推介，并改版了中国水产商务网，推动水产品电子商务的发展。政府还设立海珍品品牌推介资金，对省级以上名牌产品在山东省之外的地方开办专卖店的企业发放奖励[84]。

山东省著名的十大渔业品牌，分别为八珍之首——"胶东刺参"、海味之冠——"胶东鲍鱼"、滋补名品——"东方对虾"、天下第一鲜——"胶东贝"、中华名蟹——"莱州湾梭子蟹"、名贵珍馐——"胶东鲆鲽鳎"、生态珍品——"黄河口大闸蟹"、长寿蔬菜——"荣成海带"、天然品质——"黄运甲鱼"和鱼中珍品——"微山湖乌鳢"。2008 至 2013 年间，十大渔业品牌产品产值完成了渔业产值总数的 45.3%，产量实现了渔业总产量的 17.5%，比 2006 年所占比重分别增加了 16.1% 和 7.2%。为了重点打造这十大渔业品牌，山东省从 2008 年起连续 6 年在多个城市举办"山东十大渔业品牌推介会"，使十大渔业品牌在异地知名度不断提升[85]，同时推动了相关水产品产量产值销量的大幅增长。

目前，山东有 33 个水产品得到地理标志登记保护，515 个无公害产地得到认定，1 200 多个无公害产品得到认证，无公害认证和地标登记保护数量均居全国首位。

另外，2015 年 3 月，由农业部组织开展的全国百家合作社百个农产品品牌推选活动中，山东省推荐并被农业部认定的 6 家合作社的 6 个农产品品牌中，有 3 个为水产品品牌，分别是烟台莱州市土山泽潭渔业专业合作社的华岛牌纯淡干海参、东营景明黄河口大闸蟹养殖渔民专业合作社的黄河口大闸蟹以及乳山市久大海珍品养殖专业合作社的乳山牡蛎。全国共有 8 家合作社的 8 个水产品品牌入选，山东省入选数量在全国占首位[86]。

（2）渔业管理与执法水平。

山东省渔业管理机构和管理人员数量众多，确保了渔业管理工作的正常开展。全省拥有渔业执法机构 199 个，约占全国的 6.7%，排在全国第二位，位于四川省之后。从机构性质看，其中行政单位 38 个，约占全部渔业执法机构的 19.1%；参照公务员管理单位 33 个，约占全部渔业执法机构的 16.6%；依照公务员制度管理单位 4 个，约占全部渔业执法机构的 2%；事业单位 124

个,约占全部渔业执法机构的 62.3%。从执法业务类型看,其中渔政 133 个,排在河南省、四川省之后;渔监 25 个,全国最多,且远高于其他各省;船检 0 个;渔政渔监船检综合执法 26 个,排在全国第九位;渔政与农业执法单位合署 2 个,排在全国第十四位;渔政与水产研究或推广单位合署 13 个,排在全国第十三位;渔政与渔业生产单位合署 0 个[87]。由表 6-9 可见,山东省渔业管理和执法机构总数虽然最多,但机构性质多集中为事业单位,公务员机构较少;业务职能集中在渔政和渔监,综合执法单位、合署机构都较少,尤其是船检和渔政与渔业生产单位合署机构都未"破零",极为稀缺。

全省渔政管理人员 3 054 人,约占全国渔政管理人员的 8.7%;其中本科及以上学历的渔政管理人员 1 094 人,约占全国本科及以上学历的渔政管理人员的 10.9%,约占全省渔政管理人员的 35.8%;持渔业行政执法证的渔政管理人员 2461 人,约占全国持渔业行政执法证的渔政管理人员的 9.6%,约占全省渔政管理人员的 80.6%。如表 6-11 所示,山东省渔政管理人员总数、本科及以上学历人数、持证人数都居全国首位,但本科及以上学历人员占比、持证人数占比并不是最高的。

表 6-11 各地区渔业管理和执法机构和人员情况

全国排名 / 项目		1 地区	数量	2 地区	数量	3 地区	数量	4 地区	数量	5 地区	数量
渔业执法机构(个)		四川	208	山东	199	河南	173	云南	152	湖南	132
按机构性质	行政单位	广东	86	河南	72	山西	45	山东	38	河北	28
	参照公务员管理单位	广西	80	福建	63	内蒙古、浙江	35			山东	33
	依照公务员制度管理单位	湖南	37	黑龙江	31	浙江	25	江苏	16	辽宁	8
	事业单位	四川	152	山东	124	云南	119	河南	94	安徽	90
按执法业务类型	渔政	河南	145	四川	143	山东	133	湖南	115	黑龙江	95
	渔监	山东	25	辽宁	19	大连	11	河北	8	海南、江苏	6
	船检	浙江	14	辽宁	13	大连	8	河北、安徽、四川	2		
	渔政渔监船检综合执法	湖北	80	广东	63	江苏	57	安徽	44	吉林	41

全国排名\n\n项　目	1		2		3		4		5	
	地区	数量	地区	数量	地区	数量	地区	数量	地区	数量
按执法业务类型 渔政与农业执法单位合署	江西	20	河北	13	云南	10	内蒙古、重庆、四川		8	
渔政与水产研究或推广单位合署	云南	60	陕西	47	内蒙	34	江西	30	贵州	28
渔政与渔业生产单位合署	云南	19	陕西	5	湖南、广西		4		安徽江西四川	2
渔政管理人员（人）	山东	3 054	广东	2 381	江苏	2 237	辽宁	2 224	浙江	2 202
本科学历	山东	1 042	浙江	764	广东	678	江苏	634	辽宁	613
本科以上学历	江苏	55	山东、广东		52		浙江	41	辽宁	38
持渔业行政执法证	山东	2 461	辽宁	1 911	浙江	1 774	江苏	1 748	广东	1 747

数据来源：《中国渔业统计年鉴》2015

三、渔业产业发展的 SWOT 分析

对于渔业产业转型升级的战略规划,需要基于 SWOT 模型对渔业产业发展进行定性分析,较为深入的认识产业发展基础和潜力,即分析渔业产业发展所具有的内部优势(Strengths)和劣势(Weaknesses),以及产业发展过程中将要面临的机会(Opportunities)和威胁(Threats)(见表 6-12)。

表 6-12　产业发展的 SWOT 分析表

优势(Strengths):	劣势(Weaknesses):
S_1 渔业产业基础雄厚,生产能力及生产规模居全国前列 S_2 渔业产业经济增长较快,产业发展比较活跃 S_3 部分方面的渔业基础设施较为完善 S_4 休闲渔业的发展具备一定规模 S_5 海洋渔业科研创新能力居全国前列 S_6 渔业产业投资水平较高 S_7 渔业产业品牌基础牢固,有著名的十大渔业品牌	W_1 渔业产业结构不合理,渔业二、三产业发展落后 W_2 渔业产业经济增速低于山东省 GDP 增速,且低于全国渔业经济增速,渔业产业增加值涨幅呈现下降态势 W_3 第一产业的捕捞业产量逐渐减少,养殖业发展缓慢,产业内人员结构不合理 W_4 渔业产业附加值较低,产品较为单一,多处于价值链底端 W_5 水产技术推广效果亟待加强

S_8 渔业从业人员、管理人员基数较大	W_6 渔业产业管理能力、执法能力和管理人员水平有待提高,资源保护能力差 W_7 特定单项渔业基础设施建设及渔船装备水平较低 W_8 渔民生活水平未有明显提升 W_9 渔业科研能力落后于北京、上海等
机会(Opportunities): O_1 地理位置优越,渔业资源和水域资源丰富,气候适宜 O_2 土地资源较少,对渔业依赖性大 O_3 物流运输网络四通八达,有利于渔业产业商品流通 O_4 旅游资源丰富,人口众多,居民收入稳步提升,能够有效带动渔业第三产业发展 O_5 国内经济保持平稳有序发展,是山东省渔业产业进行转型升级的基础 O_6 政策规划层面支持渔业产业发展即转型升级 O_7 农民文化素质水平和农村社会保障水平稳步提升,为产业发展、转型升级提供了合格的从业人员	威胁(Threats): T_1 生态环境持续恶化,水域污染严重,渔业资源逐渐衰退 T_2 洪涝、干旱和寒潮等渔业灾害频发 T_3 产业竞争激烈,消费者需求变化快且有多样化趋势,产业更新换代速度加快 T_4 人力等各项成本增加阻碍了产业持续发展 T_5 渔业科研环境落后于北京、上海等 T_6《联合国海洋法公约》和三个渔业协定等限制了远洋渔业的发展 T_7 政策法规的不完善和滞后性,可能会影响渔业产业发展

第七章

山东省渔业产业转型升级影响因素分析

　　无论是渔业经济总产值、水产品产量，还是水产品的进出口贸易，山东省连续多年均居全国首位。山东省渔业也是全国渔业的典型缩影，因此，定性定量地讨论山东省渔业产业转型升级的影响因素，研究其对山东省渔业产业转型升级的影响程度、作用效果，并据此提出战略和措施，对推动全国渔业产业转型升级、促进渔业经济持续健康发展具有重要的意义。

　　关于产业转型升级问题，国内外存在着基于"产业结构调整与优化"视角和基于"价值链升级"视角两种认识和研究思路。在过去，对山东省渔业产业转型升级，大多数学者是从"产业结构调整与优化"的角度进行探究的。我们认为，随着"价值链升级"的理念在产业转型升级研究领域的盛行，基于这一视角对山东省渔业产业转型升级的影响因素进行探讨有其现实意义。

　　现有关于山东省渔业产业转型升级过程中影响因素的研究文献较多，分析视角也较为广泛，但结合海洋渔业和淡水渔业的渔业转型升级的研究文献较少，尤其是采用计量经济分析方法对山东省渔业转型升级过程中影响因素的研究更是不多见。因此，本章根据国内外关于渔业产业转型升级影响因素的研究成果，基于产业结构调整与优化和价值链升级的相关理论，并结合山东省渔业的发展现状，选取了山东省渔业产业转型升级的四方面影响因素，分别是渔业流通和服务水平、渔业加工水平、政府支持力度和渔业科研创新水平，我们采用计量经济研究方法对这四方面影响因素进行实证分析。

一、影响因素

（一）渔业流通和服务水平

近年来,流通和服务对产业发展的提升作用越来越受到人们的重视,渔业流通和服务水平对渔业的转型升级也起着越来越重要的作用,渔业产业的竞争力不仅体现在生产领域,还体现在流通和服务领域。通常来说,渔业流通和服务包括水产流通、水产(仓储)运输、休闲渔业等。水产品的易腐性需要完善的物流配送体系和较高的仓储水平,再加上休闲渔业对渔业经济发展的巨大潜力,都要求渔业流通和服务水平得到有效的提升。

（二）渔业加工水平

渔业加工水平的高低直接影响着水产品的贸易量和贸易额,提高渔业加工水平能促使水产品在参与市场竞争中获得更大的优势。山东省的水产品贸易以劳动密集型产品为主,水产品的加工大多仅仅是低层次的保鲜,对低值水产品的综合利用率较低,虽然水产品加工产量和产值较高,但是产品价值增值较低,生产设备和技术老化落后,不能满足渔业产业转型升级的发展需要,使山东省渔业加工企业长期处于价值链的底端。

（三）政府支持力度

政府可以通过相应的政策、措施、手段影响渔业的转型升级,主要表现在:首先,政府可以通过基础设施建设和固定资产投资等直接资金投入,扶持渔业的转型升级;其次,政府可以通过税收、财政、法律法规等相关政策引导其他机构向渔业投资;第三,政府还可以通过措施和手段引导产业发展方向,扶持渔业企业,尤其是技术密集型渔业企业的发展,调整资源配置,优化渔业产业结构;最后,政府还可以通过制度、政策明确渔业相关部门的工作职责,发挥渔业管理机构应有的作用,为渔业产业的转型升级扫清障碍[88]。因此,政府的支持力度对渔业产业转型升级发挥着重要作用。

（四）渔业科研创新水平

实施"科技兴渔"刻不容缓,科研技术创新对产业发展的重要作用已经得到学界和业界的一致认可,对渔业产业而言,科研创新不仅意味着产品的高附加值,还意味着生产成本的降低。现代渔业强调以科研为导向,而渔业科研强调以市场为导向,掌握渔业资源的生长繁殖规律,更新渔业生产技术,提高装备水平,力争研究出高水平、应用性强的渔业科研成果,培育高产抗逆广适的优良品种。

影响渔业产业转型升级的其他因素还有很多,比如地区自然与资源环境、地区政治法律环境、经济环境、社会文化环境、渔业管理和执法能力水平、渔业产业规模、渔业劳动力水平等。根据影响程度的强弱,综合考虑样本数量和数据的可获得性和可靠性,本章仅对以上四种影响因素进行计量分析。

二、数据来源与模型原理

(一)变量选择与数据来源

在变量的选取上,要充分考虑合理性、科学性和可获得性等原则。以山东省渔业经济总产值作为山东省渔业产业转型升级水平的度量指标;渔业流通和服务水平用山东省渔业流通和服务业产值来表示;渔业加工水平用山东省渔业加工业产值来表示;政府支持力度用山东省农林牧渔业固定资产投资总额来表示;渔业科研创新水平用山东省农业成果数量来表示。

本章原始数据来源于《中国渔业统计年鉴 1994～2015》、《山东统计年鉴 1994～2015》和《中国统计年鉴 2015》。在进行计量分析之前,我们还需要对原始数据进行预处理。为消除物价变动对计算结果的影响,对相关数据用 GDP 平减指数(1978＝100)进行平减,得到以 1978 年为基期的数值,并对所有数据进行无量纲化处理。为避免分析过程中存在异方差,同时不改变原时间序列存在的协整关系,并使其趋势线性化,需再对所有数据取其自然对数。

(二)VAR 模型原理

向量自回归模型(Vector Autoregression, VAR)模型由克里斯托弗·希姆斯 (Christopher. A. Sims)于 1980 年提出[90],该模型及其拓展形式主要用于处理多个相关经济指标的分析及预测时较容易操作,因此在经济学系统动态性分析中得到广泛应用[91]。

VAR 模型是用模型中所有当期变量对若干滞后变量进行回归[92],将系统中每一个变量都作为内生变量对称地引入到方程中,在避免因变量缺省带来的问题的同时,可以减少受到原有理论的约束,从而方便分析相互联系的变量之间的长期动态影响,也可以研究不同类型的随机干扰项对变量系统的动态影响和用于时间序列数据的预测,不带有任何事先约束条件[93]。

VAR(i)模型的一般表达式为:

$$y_t = \sum_{i=1}^{k} A_i y_{t-i} + Bx_i + \varepsilon_t$$
$$t = 1, 2, \cdots, T$$

式(7-1)

其中 y_t 是 n 维内生变量向量,x_t 是 p 维外生变量向量,k 是滞后阶数,T 是样本个数,A_i 和 B 是待估的系数矩阵,ε_t 为 n 阶随机干扰项,它们之间可以相互同期相关,但不与自己的滞后值相关,也不与等式右边的变量相关[93]。

三、实证研究及结果

(一)序列平稳性检验(单位根检验)

VAR 模型要求其中的变量具有平稳性,因此需要对序列的平稳性进行检验。标准方法是对每个序列进行单位根检验,如果存在单位根,就是非平稳时间序列,会使回归分析中出现伪回归[94]。

判断时间序列的平稳性,Eviews 6.0 提供了 6 种单位根检验方法,本章采用的是 Augmented Dickey-Fuller Test(ADF)检验。在检验中,为方便记录,用 zcz、lf、jg、zc、kj 分别代表渔业产业转型升级水平、渔业流通和服务水平、渔业加工水平、政府支持力度和渔业科研创新水平,ln 代表他们的自然对数,Δ 和 Δ_2 分别代表它们的一阶差分和二阶差分。本章变量的单位根检验结果见表 7-1。

表 7-1　单位根检验结果

变　量	ADF 值	1%临界值	5%临界值	10%临界值	P 值	检验结果
lnlf	− 1.921 998	− 2.685 718	− 1.959 071	− 1.607 456	0.054 0	平　稳
lnjg	− 1.519 663	− 2.685 718	− 1.959 071	− 1.607 456	0.117 6	不平稳
lnzc	− 6.523 986	− 2.685 718	− 1.959 071	− 1.607 456	0.000 0	平　稳
lnkj	3.582 474	− 2.708 094	− 1.962 813	− 1.606 129	0.999 5	不平稳
Δlnzcz	− 20.764 45	− 3.808 546	− 3.020 686	− 2.650 413	0.000 0	平　稳
Δlnjg	− 20.486 58	− 3.808 546	− 3.020 686	− 2.650 413	0.000 0	平　稳
Δlnkj	− 2.655 168	− 3.886 751	− 3.052 169	− 2.666 593	0.102 0	不平稳
$\Delta_2$lnkj	− 3.389 188	− 4.728 363	− 3.759 743	− 3.324 976	0.090 6	平　稳

在表 7-1 结果报告中,1%、5%、10%指的是显著性水平,如果 ADF 检验值大于某显著性水平下的值,则不通过检验,即存在单位根,该序列不平稳,此时,可通过对序列进行一阶差分再来查看单位根是否平稳,不平稳再进行二阶差分。P 值是 t 统计量对应的概率值,P 值越接近于 0 说明序列越平稳[95]。可见,lnlf 和 lnzc 都是平稳序列,lnzcz 和 lnjg 是一阶单整序列,lnkj 是二阶单整序列。

(二)VAR 模型的构建

本章以渔业产业转型升级水平为因变量,以渔业流通和服务水平、渔业加工水平、政府支持力度和渔业科研创新水平为自变量,构建 VAR 模型。

Eviews 6.0 软件提供了 5 种方法确定用于 VAR 模型的滞后期,分别是似然比(LR)检验、FPE 检验、赤池信息准则(AIC)检验、施瓦茨信息准则(SC)检验和 HQ 检验,一旦检验结果不一致,通常的处理方法是选取次数最多的最优滞后阶数[96],如果还无法确定,再根据 AIC 准则和 SC 准则,选取 AIC 值和 SC 值最小的滞后阶数。本章选取最佳滞后期为 1,确定建立 VAR(1)模型,结果如下:

lnzcz = − 2.097 447 402 82*lnzcz(−1)+ 0.722 520 796 676*lnlf(−1)+ 1.487 897 831 66*lnjg(−1)− 0.006 650 815 695 15*lnzc(−1)− 0.039 442 301 183 4*lnkj(−1)− 2.224 914 667 2

方程的拟合优度 $\overline{R}^2 = 0.984\,215$,统计量 $F = 6.500\,141$,且 AIC = 2.350 041,SC = 2.648 476,说明所建立的方程总体拟合效果较好。

(三)模型稳定性检验

判断 VAR 模型的稳定性,需要计算模型特征方程的所有特征根,如果模型中所有根模的倒数均小于 1,即所有特征值位于单位圆内,则说明该 VAR 模型是稳定的[97]。渔业价值链 VAR 模型稳定性检验结果见图 7-1 和表 7-2。

表 7-2　AR 根结果

特征根	模
0.624 967	0.624 967
0.554 107 − 0.191 469i	0.586 255
0.554 107 + 0.191 469i	0.586 255

特征根	模
− 0. 172 118 − 0. 084 469i	0. 191 728
− 0. 172 118 + 0. 084 469i	0. 191 728

从图 7-1 和表 7-2 结果可以看出,本章建立的 VAR 模型满足稳定性条件,可以进行脉冲响应函数分析和方差分解[98]。

(四)协整检验

判断所建立的模型内部变量间是否存在协整关系,即是否存在长期均衡关系,需要进行协整检验[99]。一般而言,一组变量可以进行协整检验的前提条件是组中所有变量为同阶单整序列。

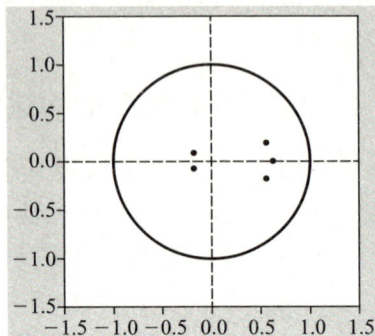

图 7-1　AR 根的图

协整检验的常用方法是 EG 协整检验和 Johansen 协整检验。EG 协整检验由 Engle 和 Granger 于 1987 年提出,方法是对回归方程的残差进行单位根检验,只能适用于单一协整关系。Johansen 协整检验也被称为 JJ(Johansen-Juselius)检验,由 Johansen 在 1988 年及在 1990 年与 Juselius 共同提出,是一种以 VAR 模型为基础的检验回归系数的方法,用于检验多变量间是否存在协整关系,并可给出全部协整关系[100]。

如前文表 7-1 显示,lnlf 和 lnzc 都是平稳序列,lnzcz、和 lnjg 是一阶单整序列,lnkj 是二阶单整序列,由于 5 个变量非同阶单整序列,因此不存在协整关系,但渔业产业转型升级水平和渔业加工水平是同阶单整,可用来检验二者之间是否存在协整关系[101]。本章运用 JJ 协整检验法,检验结果见表 7-3。

表 7-3　协整检验结果

假设无协整	特征值	迹统计量	0. 05 临界值	P 值
没有协整	0. 462 900	16. 707 31	15. 49 471	0. 032 7
最多 1 个协整	0. 227 219	4. 897 442	3. 841 466	0. 026 9

根据结果显示,渔业产业转型升级水平和渔业加工水平二者之间在 0. 05 的显著性水平下存在 2 个协整关系,即二者之间存在长期的均衡关系,其协整向量可以写成:lnzcz = 1. 299 631 × lnjg。

（五）脉冲响应函数（IRF）分析

在实际应用中,由于 VAR 模型作为一种非理论性模型而不对变量进行先验性约束[102],因此对模型中单个参数估计值的经济解释是十分困难的,即根据模型无法分析出一个变量的变化对另一个变量的影响情况。因此,想要对一个 VAR 模型做出分析,通常是观察系统的脉冲响应函数(Impulse Response Function, IRF)和方差分解。

进行脉冲响应函数和方差分解的前提是建立的 VAR 模型必须是稳定的,根据模型稳定性检验结果,本章所建立的 VAR 模型可以进行脉冲响应函数分析和方差分解。

脉冲响应函数分析方法描述的是模型中的一个内生变量的冲击给其他内生变量所带来的影响[103],即当模型受到冲击时对系统的动态影响。在Eviews 6.0 输出的脉冲响应函数分析结果中,横轴代表脉冲冲击作用的滞后阶数,纵轴代表脉冲响应水平[104],实线代表渔业产业转型升级水平对各变量冲击的反应,虚线代表正负两倍标准差偏离带。

图 7-2（1）显示,当在本期给渔业流通和服务水平一个正冲击后,渔业产业转型升级水平立即就有响应,会产生持续的大幅度正向波动,正向波动在第 2 期实现最大值后逐渐减小。这说明当渔业流通和服务水平受外部条件的某一冲击后,会给渔业产业转型升级水平带来较强的同向作用,且这种作用具有长期性,即渔业流通和服务水平对渔业产业转型升级水平具有长期较强的正向拉动作用。

图 7-2（2）显示,当在本期给渔业加工水平一个正冲击后,渔业产业转型升级水平会产生明显的正负双向波动,起始的正向波动在第 2 期时达到正向最大值后,向零收敛并逐渐转为负向波动。这说明当渔业加工水平受外部条件的某一冲击后,前期会给渔业产业转型升级水平带来较强的同向作用,之后这种作用会逐渐转换为反向作用,即渔业加工水平在短期内对渔业产业转型升级水平有明显的正向拉动作用,长期则关联效应较弱,甚至产生资源争夺效应。

图 7-2（3）显示,当在本期给政府支持力度一个正冲击后,渔业产业转型升级水平会产生较弱的正负双向波动,起始的正向波动在第 2 期时达到最大值后,迅速向零收敛并转为负向波动。这说明当政府支持力度受外部条件的某一冲击后,前期会给渔业产业转型升级水平带来较弱的正向作用,之后这

种作用会迅速降低并转而产生负向作用,即政府支持力度在短期内会对渔业产业转型升级水平有较弱的正向的拉动作用,长期则产生较弱的资源争夺效应。

图 7-2(4)显示,当在本期给渔业科研创新水平一个正冲击后,渔业产业转型升级水平会产生正负双向波动,起始的负向波动在第 2 期时达到负向最大值后,向零收敛并逐渐转为不明显的正向波动。这说明当渔业科研创新水平受外部条件的某一冲击后,前期会对渔业产业转型升级水平带来较强的反向作用,之后这种作用会逐渐减弱并转为较弱的正向作用,即渔业科研创新水平在短期内会对渔业产业转型升级水平产生明显的反向作用,长期则产生较弱的正向拉动作用。

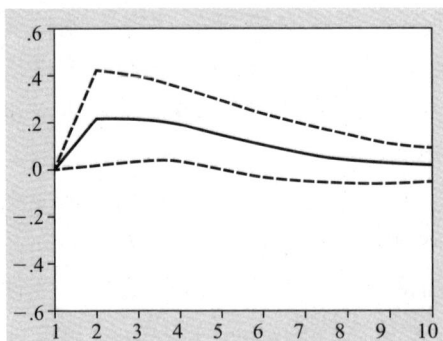

（1）转型升级水平对渔业流通和服务水平的响应

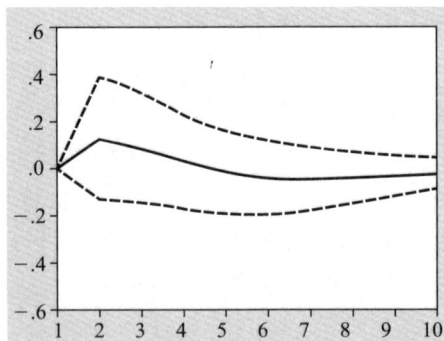

（2）转型升级水平对渔业加工水平的响应

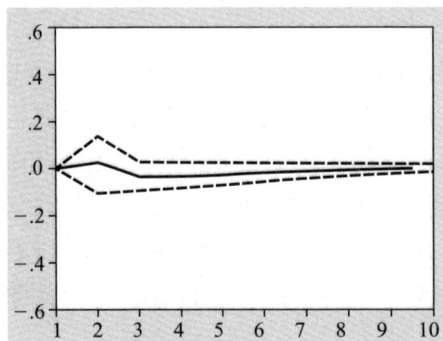

（3）转型升级水平对政府支持力度的响应

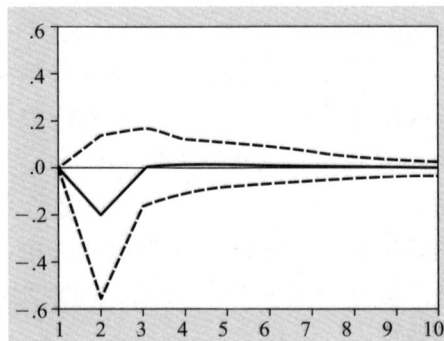

（4）转型升级水平对渔业科研创新水平的响应

图 7-2　脉冲响应结果

通过脉冲响应函数分析我们可以看出,渔业流通和服务业对山东省渔业产业转型升级正向影响最大、时间最长久,根据长期正向作用影响程度和时间排序,其后依次是渔业科研创新水平、渔业加工水平和政府支持力度。

(六)方差分解

考虑到脉冲响应函数对说明变量间的影响关系过细,Sims 于 1980 年提出了方差分解的分析方法。方差分解是通过分析每一个结构冲击对内生变量变化的贡献度,来评价不同结构冲击的重要性,从而反映其他变量对某一变量变动的贡献度[105]。在实际应用中,通常用方差来度量内生变量的变化。因此,方差分解可以显示出 VAR 模型中变量产生影响的各个随机扰动的相对重要性[106]。本章的方差分解结果见表 7-4。

表 7-4　方差分解结果

期　　数	标准误差	渔业转型升级水平	渔业流通和服务水平	渔业加工水平	政府支持力度	渔业科研创新水平
1	0.696 703	100.000 0	0.000 000	0.000 000	0.000 000	0.000 000
2	0.771 478	83.096 74	7.916 962	2.580 568	0.087 274	6.318 458
3	0.807 568	76.006 65	14.429 17	3.460 722	0.311 171	5.792 282
4	0.832 990	71.982 23	18.710 34	3.317 087	0.516 134	5.474 217
5	0.848 177	69.772 19	20.968 39	3.278 232	0.637 048	5.344 137
6	0.856 377	68.551 99	21.991 86	3.496 231	0.686 962	5.272 959
7	0.860 655	67.889 37	22.389 21	3.789 360	0.701 868	5.230 190
8	0.862 824	67.548 52	22.516 58	4.025 000	0.704 367	5.205 531
9	0.863 884	67.385 40	22.546 60	4.171 317	0.703 875	5.192 805
10	0.864 376	67.313 21	22.548 78	4.247 793	0.703 221	5.187 000

从方差分解结果可以看出,长期来看,渔业流通和服务水平对渔业产业转型升级水平的贡献度最大,后期基本稳定在 22%左右;其次是渔业科研创新水平和渔业加工水平,贡献度分别在 5%和 4%左右;贡献度最小的是政府支持力度,在 0.7%左右。这一结果和脉冲响应函数的分析结果相符。

四、研究结论

本书通过整理与测度山东省渔业产业相关数据,以渔业产业转型升级水平为因变量,以渔业流通和服务水平、渔业加工水平、政府支持力度和渔业科研创新水平为自变量,构建了 VAR 模型,并进行了序列平稳性检验、模型稳

定性检验、协整检验、脉冲响应函数分析和方差分解,对山东省渔业产业转型升级的影响因素进行研究,结果整理如下:

(一)单位根检验结果表明,山东省渔业流通和服务水平以及政府支持力度是平稳序列,渔业产业转型升级水平和渔业加工水平是一阶单整序列,渔业科研创新水平是二阶单整序列。

(二)渔业产业转型升级水平、渔业流通和服务水平、渔业加工水平、政府支持力度和渔业科研创新水平这五者之间不存在协整关系,但渔业产业转型升级水平和渔业加工水平二者之间在 0.05 的显著性水平下存在两个协整关系,即二者之间存在长期的均衡关系,其协整向量可以写成:$\ln zcz = 1.299\,631 \times \ln jg$。

(三)脉冲响应函数分析结果表明,根据长期正向作用影响程度和时间排序,对山东省渔业产业转型升级的影响顺序依次是渔业流通和服务业、渔业科研创新水平、渔业加工水平和政府支持力度。

这一结果中,渔业流通和服务业的长期变动规律符合预期假设,提高渔业流通和服务水平对渔业产业转型升级水平提升明显,因此,要加速发展渔业流通和服务业。渔业加工水平和政府支持力度两项在后期出现逆向波动,说明持续大力提高这两项水平,不仅不能起到提高渔业产业转型升级水平,反而可能产生反作用,因此渔业加工水平的提升不能仅仅追求量的增大,还要注重质的提高;政府支持力度要强调合理性,即不仅要满足产业发展需要,而且不能使产业和企业对政策形成依赖,要发挥企业和个人从业者的主观能动性,促使其成为学习型、成长型企业。渔业科研创新水平在前期反向波动,后期正向波动,说明对渔业科研创新水平的重视程度和提高力度一定要有长期性,如果只在前期重视提高,还未获得回报,反而会对渔业产业转型升级产生反作用,因此为提高渔业科研创新水平,R&D人力、物力投入需要强调长期性和持续性。

(四)方差分解结果表明,长期来看,渔业流通和服务水平、渔业科研创新水平、渔业加工水平和政府支持力度对渔业产业转型升级水平的贡献度分别约为 22%、5%、4% 和 0.7% 左右。这一结果和脉冲响应函数的分析结果相符。

综上所述,我们可以得出以下结论:提高渔业流通和服务水平对渔业产业转型升级水平提升明显,因此,要加速发展渔业流通和服务业;渔业加工水平的提升不能仅仅追求量的增加,还要注重质的提高;政府支持力度要强调合理性,要从多角度、多渠道,进行合理有效的支持,即不仅要满足产业发展需要,而且不能使产业和企业对政策形成依赖,要发挥企业和个人从业者的主观能动性,促使其成为学习型、成长型企业;为提高渔业科研创新水平,R＆D人力、物力投入需要强调长期性和持续性。

第八章
山东省渔业产业转型升级的战略选择

　　山东省渔业产业历史悠久，随着社会的快速发展，已成为农业中发展最快、效益最好的产业，然而，近年来由于资源衰退、渔场减少、市场低迷、成本上涨等因素，山东省传统渔业产业受到了前所未有的冲击，以资源和劳动力的大量消耗为主的粗放型增长方式已经不能适应经济快速发展的需要。为促进渔业产业的持续健康发展，构建生态友好型渔业生产方式，山东省传统渔业产业转型升级迫在眉睫。

　　本章将结合前文进行的归纳和分析，提出山东省渔业产业转型升级的战略目标和总体战略，并具体描述了渔业产业转型升级的六个战略选择，即立体生态渔业发展战略、政用产学研协同创新战略、渔业产业价值链再造战略、渔业产业商业模式创新战略、渔业产业人力资源提升战略和"蓝色粮仓"发展战略，走以渔业科技创新、"互联网＋"、"海陆统筹"和"价值链再造"推动产业转型升级的战略路径。

一、渔业产业转型升级的战略目标与总体战略

（一）战略目标

　　作为在今后较长时期内要达到的总目标，山东省渔业产业转型升级的战略目标为：实现渔业产业的可持续发展，形成生态和谐、产业发展、产品安全、渔民增收、地区繁荣、管理科学的现代渔业产业发展新格局，实现由传统渔业向现代渔业转型升级，使山东省由过去的"渔业大省"转变为"渔业强

省"[107]。

生态和谐、产业发展、产品安全、渔民增收、地区繁荣、管理科学的现代渔业产业发展新格局，是现今各地区渔业产业发展的最高要求和最终目标，也是山东省渔业产业转型升级的具体推进方向。应该积极由传统渔业向现代渔业转型升级，否则就会因为发展落后而慢慢被社会所淘汰。为了山东省渔业产业得以持续永续发展，必须积极推进由传统渔业向现代渔业转型升级，把山东省建设成为"渔业强省"。

（1）发展方式由粗放型向生态型转型升级，渔业生态环境得到明显改善，渔业资源得到恰当修复，近海水域一类水质超过 92%，争取 2020 年达到 95%，基本消除劣四类水质；内河水域至 2020 年基本消除劣五类水质，符合或优于三类水质的水域河长占比达到或超过 60%，湖泊基本达到三类水质，达到一、二类水质的水库资源占比超过 50%。

加快转变渔业产业发展方式，使渔业产业发展方式由粗放型向生态型转型升级，因为资源的取用和环境的承受能力是相当有限的，只有加强保护和养护，才能实现渔业产业的可持续发展。

（2）产业结构由以渔业第一产业为主向以第二、三产业为主转型升级，渔业三次产业结构比例由 2014 年的 43∶33∶24，初步调整到 35∶35∶30，力争至 2020 年达到 25∶35∶40。

优化渔业产业结构，由以渔业第一产业为主向以第二、三产业为主转型升级，大力发展渔业加工业和休闲渔业，这体现了加工业和服务业优先发展的思想，是所有产业转型升级的重要方向。而渔业加工业和服务业发展的落后，已经严重制约产业的整体发展，必须大力发展。

（3）产业布局由单一化、分散化向多样化、集约化转型升级，渔业从业人员由相对分散，转变为相对集中，规模以上加工企业数量占比由 2014 年的 35.6% 提升至 2020 年的 50%～60%。

渔业产业布局由单一化、分散化向多样化、集约化转型升级，只有这样，才能实现渔业规模化、标准化、产业化发展，才能使产品更适应复杂多变的国内外贸易环境。

（4）产业组织由生产主导型向市场引导型转型升级。渔业产业组织从生产主导型向市场引导型转型升级，体现以人为本、用户至上的思想，产业组织根据消费者的需求不断调整产品的类型、种类、品质，更好地打开销路，减少渔业资源的浪费，以最少的投入创造出最高的价值。

（5）渔业产业发展的速度和规模从数量型向质量效益型转型升级，每年通过验收和鉴定的渔业科技成果转化率力争达到60%，初步接近发达国家和地区的水平，科技成果的研发、转化、产业化三个阶段投入经费比例争取达到1∶10∶100[108]。

渔业产业发展速度与规模从数量型向质量效益型转型升级，因为数量的提升多源自对资源的过度索取，必须要依靠科技创新、品牌建设和品质提升，提高水产品的附加值，才能实现产业利润的最大化（见图8-1）。

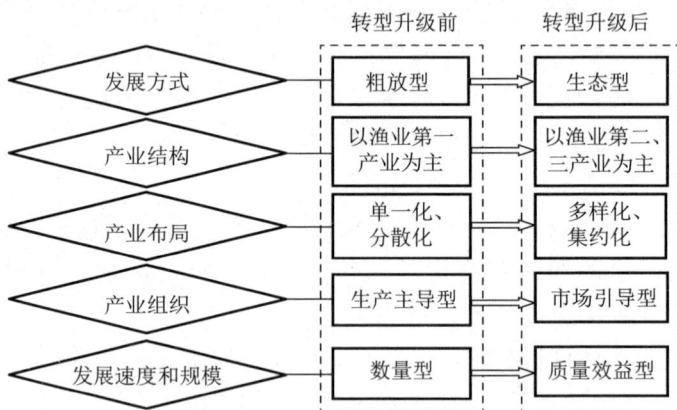

图 8-1 渔业产业转型升级战略目标示意图

（二）总体战略

为实现山东省渔业产业转型升级的战略目标，需要制定一系列战略，综合实施以保证实现。养护资源方面建设立体生态渔业，科研方面坚持政用产学研协同创新，生产方面实现价值链再造，对产业盈利方式进行商业模式创新，以人力资源提升来推动人才培养，再融合"蓝色粮仓"发展，通过一系列的综合战略实现山东省渔业产业的转型升级，坚定不移地建设渔业强省（见图8-2）。

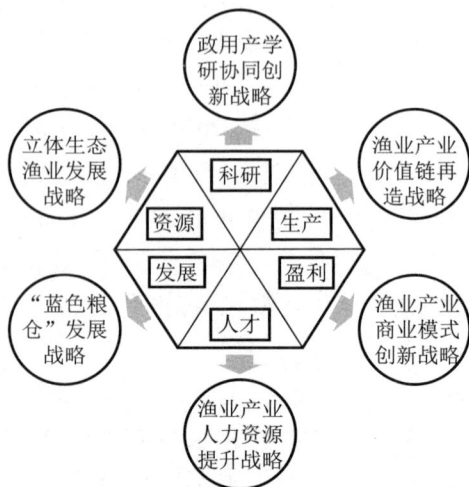

图 8-2 渔业产业转型升级总体战略示意图

需要强调的是,要实现山东省渔业产业转型升级的战略目标所要求的战略综合实施,并不是要求各个战略同时实施,多点发力难免力有未逮,要根据地区阶段性发展现状,单独或者小组组合实施,突出重点战略,且战略的实施过程切忌贪功冒进,要张弛有度,扎实推进,逐步完成各个战略,最终实现山东省渔业产业转型升级的战略目标。

二、渔业产业转型升级的战略选择

(一)立体生态渔业发展战略

立体生态渔业是指按照生态经济学的基本原理,运用系统工程的方法,以渔业为主,多形式种养结合,优化生产模式,使增殖或养殖的动植物与周围环境形成良性循环,是一种环保、高产、高效的渔业生产方式。立体生态渔业在实际应用中多为时间上穿插叠加、空间上垂直分布的时空三维结构类型。

立体生态渔业有多种发展模式,可分为淡水立体生态渔业和海水立体生态渔业。适合山东省的淡水立体生态渔业的类型主要有池园立体生态渔业、荡滩立体生态渔业和水库立体生态渔业;适合山东省的海水立体生态渔业的类型主要有池园立体生态渔业、沿海滩涂立体生态渔业和近海立体生态渔业。

(1)池园立体生态渔业。

池园立体生态渔业是利用农村居民房屋附近的已有池塘,或在空地建造池塘,池塘中分层混养鱼、虾、贝、鳖、蛙等,塘边种瓜果蔬菜,并畜养家畜家禽[109]。菜叶和家畜家禽的粪便喂鱼,鱼粪肥塘,塘底淤泥和家畜家禽的粪便养瓜果蔬菜。这种立体生态渔业方式投入少,经营方式灵活,并且易于实施,近几年来在农村迅速发展。在池园立体生态渔业的基础上,还可发展集采摘、垂钓、食宿为一体的"农家乐"等休闲渔业方式(见图8-3)。

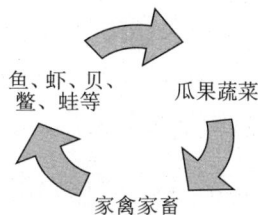

图8-3　池园立体生态渔业示意图

(2)荡滩立体生态渔业。

荡滩立体生态渔业是在淡水水系途经的平原地区的荡滩上,建立如苇—萍—渔—肉—禽模式、林—牧—猪—鱼—沼模式等。

（3）水库立体生态渔业。

水库立体生态渔业是指通过人工增殖放流,在内陆的水库等特定水域投放优质水生品种,在水域内开展分层混养水生动植物。地表径流带来的大量有机物经微生物分解为无机物后,被水生植物吸收供其生长,水生植物又被鱼类、贝类摄食,实现碳汇过程的良性循环。

（4）沿海滩涂立体生态渔业。

沿海滩涂立体生态渔业是在沿海滩涂上,进行农牧渔业综合开发。滩涂是海陆过渡地带,既可发展为耕地,也可发展为海洋,并且本身蕴藏的资源十分丰富,适宜进行生态渔业生产。

（5）近海立体生态渔业。

近海立体生态渔业是指在近海实施人工增殖放流,投放人工渔礁,建设海洋牧场,在水域内分层混养水生动植物。

渔民的文化水平相对较低,对渔业先进生产技术的接受速度慢,对灾害的应变能力不足,发展立体生态农业的过程中没有涉及复杂的渔业生产技术,受教育程度低的渔民也能马上掌握,且因为同时种养多种产品,一旦遭遇自然灾害或病虫害,也不会出现"颗粒无收"的情况。

发展立体生态渔业,一个生产系统的肥料基本来源于另一个生产系统的废弃物,而非传统渔业养殖方式般来源于外部物质的投入,极大地减少了环境污染,有利于资源和生态的修复,渔业产业与生态环境协调发展,实现了生产与自然环境的动态平衡,在满足人们对水产品需求的同时,兼顾生态系统的稳定性,实现渔业产业的可持续发展;有机物质在系统中得到循环利用,减少了资源消耗,使资源得到优化配置,也节省了生产投入成本,在有限的地域、水域环境中创造出较高的经济效益,有利于增加渔民收入、繁荣地区经济;且产品安全、环保、无公害,更容易被消费者所接受,最终实现生态、经济和社会效益的最大化。

（二）政用产学研协同创新战略

"政用产学研"是一种创新合作系统工程,主要体现在科研技术创新过程中。"政"即政府,代表国家权力机关的管理和引导;"用"即用户,代表广大消费者;"产"即产业,代表企业和生产;"学"即学校,代表高校的人才培养;"研"即科研机构,代表高校、科研院所等的科研工作。"政用产学研"融合是指政府、用户、产业、学校、科研机构协同配合、优势互补,是宏观调控、实践运用、生产、学习、科学研究五位一体的系统融合,体现了技术创新上、中、下游及宏观环境与用户需求的对接与耦合。(见图8-4)

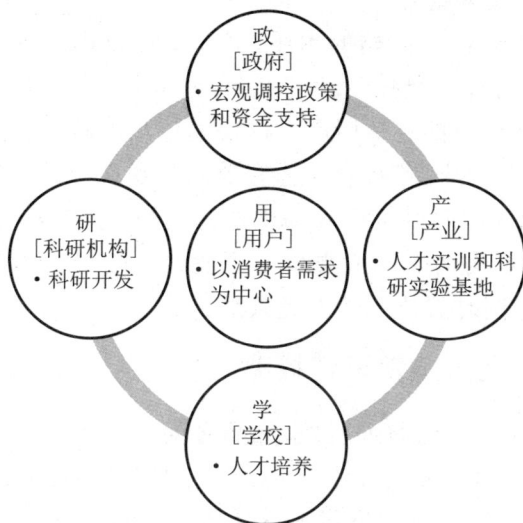

图 8-4　政用产学研协同创新示意图

"政用产学研"的提出经历了从"产学研"到"政产学研"再到"政产学研用"的过程。

"产学研"是指产业的发展要重视与学校和科研机构的相互配合,实现生产和研发的一体化。在这种模式下,企业参与到学校的人才培养过程中,为学生实践能力的培养创造条件,同时给予科研机构资源支持;学校培养的优秀人才输入到企业和科研院所中;科研机构的研究成果引导企业和产业的发展。硅谷的经济奇迹就是"产学研"融合发展最佳成果的展现。

"政产学研"加入到了政府的宏观调控因素中,在政府的法律、政策、措施的推动和财政经费支持下,创新平台的搭建更为完善,成果转化和价值的实现更为迅捷。

"政产学研用"加入了用户体验因素,用户、消费者开始成为创新主体的一员,需求引导创新方向,避免了创新的盲目性,减少了资源浪费,降低了创新成本。

信息化时代,信息通信技术使信息的传递更快速便捷,推动了创新2.0时代的来临,创新模式随之发生改变,由以生产者为中心、以科技为导向向以用户为中心、以市场为导向转型升级,形成了高层次、广领域的"政用产学研"融合的协同创新新模式。相对于"政产学研用","政用产学研"协同创新战略将用户的地位大大提升,强调在产业的发展过程中,用户在科研技术创新中的主体地位最为重要。

政用产学研协同创新战略的本质,就是实现以用户为中心,政府、企业、学校、科研机构协同参与科技创新的过程,共同推动新产品、新技术的诞生。在渔业产业转型升级中推进政用产学研协同创新战略,就是以消费者对水产品品种、品质的需求为导向,政府实施有效的宏观调控政策和资金支持,企业为人才培养创造条件,为科研机构提供资源支持,学校为企业和科研机构输送优秀人才,科研机构的研究成果引导企业改进生产技术和设备,开发新产品,实现产业发展,同时五位一体五者共赢。

(三)渔业产业价值链再造战略

随着全球经济一体化的发展,水产品之间的竞争日趋激烈,这种竞争不再仅仅局限于单独的企业与企业之间,而是整个渔业产业价值链之间的竞争。在这种情形下,经营者的思路不再受传统思维的束缚,开始立足全局,进行渔业产业价值链再造。

根据价值链理论,产品从组织生产到提供给消费者,需要经过许多企业及其一系列的生产经营活动,在这些企业及其生产经营活动中,并不是每一个环节都能创造价值或者形成比较优势,而这些价值或者比较优势,仅仅源自于价值链上的某个(些)企业或者某个(些)经营活动,这些真正创造价值的、使产业具有比较优势的企业或者经营活动,才是产业转型升级的战略重点[110]。产业价值链再造的目标明确,就是"使顾客满意"。产业通过价值链再造来实现转型升级,实质上就是通过重新配置产业内外部的资源,来突出产业的核心竞争力。产业价值链再造的过程,是围绕产业核心价值链,通过优化业务流程,降低经营成本,减少交易费用,进而增强整个产业的竞争优势。所以价值链再造是产业在战略上实现转型升级的重要工具。

渔业产业价值链再造,就渔业产业企业而言,是针对现有的企业内部价值链结构重新进行设计,企业的基本活动和辅助活动再整合,实施业务流程再造,使产品或服务以最全方位、最便利、最能满足顾客需要的方式呈现给大众,从而为企业创造巨大的竞争优势;就整个渔业产业而言,是从捕捞和养殖的水产品等原始材料的提供,到最后水产品销售到消费者手中的整个价值活动,对其进行改造、重组,使渔业经济更具有活力,为消费者提供形式多样、内容丰富的产品和服务,创造巨大的经济效益,实现渔业产业的长远发展。

完美的渔业产业价值链,应形成用户与地区之间良好的交互,实现核心产业和辅助产业的完美融合。现今,世界各地都已认识到发展休闲渔业是渔业产业转型升级的重要方向。以休闲渔业产业的价值链再造为例,在休闲渔业的建设过程中,要从价值链的视角,综合考虑产业价值链的核心产业和辅助产业的共同发展,实现产业之间互助互惠的共赢局面。而对休闲渔业而言,价值链中核心产业即为观赏渔业、游钓业等,辅助产业包括衣、食、住、行、钓具等用具提供、金融、培训、中介在内的相关产业[111]。

(四)渔业产业商业模式创新战略

商业模式是指企业(产业)创造价值、获取商业利润的方式,有时也被称为盈利模式。商业模式创新的目的是最大限度地创造价值,商业模式创新可以给产业带来巨大的竞争优势。

20世纪90年代起,以计算机为载体的互联网在全世界范围得以普及,商业竞争环境和规则随之改变,传统产业的发展也因此不断受到冲击,"大数据"时代的到来,行业边界趋向模糊,更是催生着新型的商业模式,产业也因此面临着巨大变革。

新的商业模式具备强大的竞争优势,尤其是给产品的销售渠道提供了新的方向。例如淘宝网、Amazon(亚马逊网)、当当网等的出现,已然对传统的商场、卖场造成了巨大的冲击,大量实体商铺陷入倒闭潮,这不仅成就了这些互联网企业,同时也造就了一大批新兴高盈利的企业。商业模式创新开始引起商界和学界的重视,人们逐渐发现:决定产业发展成败的关键因素,不仅仅包括技术,还包括产业的商业模式。

目前,商业模式创新虽然不仅仅局限于互联网产业,还扩展到其他各行各业,跨行业的竞争比比皆是,但是显而易见的是,在竞争中基于互联网的企业往往更具有竞争优势,如微信之于移动通讯运营商,支付宝之于银行。

商业模式创新体现了用户至上的观点,更为重视用户的需求,创造性地去满足它,发掘出更多的潜在市场,即使是利基市场,也有可能创造出巨额的利润。

在渔业产业转型升级中,商业模式创新就是要产业重新审视自身的盈利模式,思考是否具有竞争力和可持续性,变革落后的、不符合时代发展要求的旧模式,开发、创造升值空间巨大的新模式,为消费者提供全新的产品或服务,或以新的形势提供产品或服务。具体来说,尤其要注意运用"互联网"这个新时代的利器,与产业的发展相结合。

作为时下的热点,"互联网+"在各行各业都受到重视。充分发挥互联网的作用,将水产品的销售网络由实体市场转向淘宝、微店等网店。休闲渔业本身就蕴含着无数的商业模式创新空间,比如开展"农家乐"、观光垂钓等,再与网络宣传和促销相结合,给企业带来更大的收益空间。总之,商业模式创新的模式有很多,需要渔业产业从业者和渔业企业了解消费者的切实需求,开阔思路,开创盈利新局面。

同时,我们也应认识到,渔业产业中的商业模式创新,能为渔民或企业降低成本、带来高额利润,短期内易于被模仿。要想通过商业模式创新带来长期性的竞争优势,需要渔民或企业及时依靠法律保障渔业权,形成自身特色,注重品牌塑造,快速并长期占领市场。

(五)渔业产业人力资源提升战略

人力资源提升是两个维度的概念,不仅仅是劳动力数量的增多,更重要的是劳动力素质的提高,确切地说,是要为产业注入大量的高素质人才。

人力资源是目前几乎制约所有行业进一步发展的重要因素。人力资源不仅可以自我学习并发明创新理论、技术,而且还能帮助成果和信息传播。渔业产业人力资源是渔业产业发展不可忽视的重要推动力量,渔业产业人力资源的素质水平高低与产业转型升级更是息息相关,提升人力资源,打造一批高素质、高技能的渔业人才,不仅可以大幅度促进产业经济增长,提升产业软实力,而且还能提高渔民收入,维护社会安定,是渔业产业转型升级的重要手段。

山东省渔业从业人员在全国名列首位,渔业人口数量在全国排第二位,可见在渔业人力资源数量方面,山东省是具备优势的。但无论是渔业管理人员,还是渔业从业人员,尤其是渔业科研人员,文化素质和职业素质水平都有待提升。于山东省而言,渔业人力资源的提升,也是渔业产业的发展能否"百尺竿头,更进一步"的关键一环。

国外发达国家很早就意识到人力资源对渔业产业发展的重要性,重视对渔业从业人员教育和在职培训的投资,着力提高渔业劳动力的文化素质和专业素质。研究表明,一个国家至少需要达到一个最低的人力资本水平才能从国际先进的技术转移中获得收益,而大多数发展中国家并没有达到这一人力资本最低水平的要求,这也是发展中国家技术转移效果不理想的最根本原因[112]。虽然山东省业已认识到人力资源提升的重要性,政府在人才培养和素质提升方面投入不断增加,但对山东省而言,渔业产业人力资源的提升任重而道远。

渔业产业人力资源提升战略,对政府而言,就是政策引导作保障,不断加大资金投入。一是通过加强农村师资队伍建设,加强渔业学历教育和职业教育,提高渔业从业人员的受教育水平。二是增设渔业技术培训机构,加强渔业技术培训,提高渔业从业人员的职业素质水平,培养渔业产业专门人才。三是提高渔民收入水平,保护渔业从业者权利,鼓励和补助优秀本科毕业生深入农村,吸引高素质人才投身渔业生产。目前所采取的手段主要是要依靠国家政策引导和财政补贴,完善渔业人力资源教育和培训机制、人才培养质量反馈机制,还要加强相关保障和促进机制的建立,如社会保障机制、激励机制、权利保护机制等。除此之外,政府还应重视渔业人力资源信息网络平台的建设,形成规范的渔业人力资源市场,成立渔业人力资源管理服务机构,加强对渔业人力资源的管理。

渔业企业作为渔业产业人力资源提升战略的直接受益者,也要积极参与其中,重视企业内部高素质人才的吸收和培养,要努力提高渔业科研人员以及其他高素质人才的待遇水平,为其创造良好的研发和工作氛围,积极响应政府各种培训制度,并加大员工培训投入,吸引高素质人才并促使员工自我提高。

院校作为渔业产业人力资源的培养单位,在教学课程的设置上应更贴近渔业生产和科学研究的前沿动态,更加适合省情并易于推广,加强与科研单位、渔业企业的交流互动,及时更新教学内容,为渔业产业的发展不断输送符合要求的人才。在培训培养方式上,也要拓宽思路,根据产业发展需要,开展包括远程教育、中短期培训、电视专栏等各种各样的培训形式,帮助渔业从业人员不断提高和丰富自身素质。

渔业从业人员自身也要提高认识,积极主动提高自身专业素养和技能知识,不仅提高自身收入和实现自我职业规划,也为山东省渔业产业的发展贡献一分力量。

在渔业人力资源的提升中,还应注意人力资源个体存在差异性,教育的开展要"因地制宜",提升的路径和措施可不尽相同。对于传统渔民来说,本身文化素质水平低,对再教育和技能培训存在抵触心理,再学习能力也差,对其素质水平的提升,应注意培训形式和时间的选择要合理,采取更易被他们接受的方式,比如通过电视、村委会(大队)广播宣传生产技术,时间上选择在农闲期间。对于渔业科技人才的培养,要定期组织考察学习和培训讲座,加强理论联系实际,"从做中学",加强实际操作技能的培训。对于即将补充到渔业生产队伍的青年力量,要加强学历教育,开设特色课程,强化专业技能。最后,无论是采取何种方式,都要做好各种学习培训活动的评估工作,对学习培训项目实施的过程和效果进行综合评价,便于不断改进和完善。

(六)"蓝色粮仓"发展战略

"蓝色粮仓"的概念前身是"蓝色农业",直到 2007 年由唐启升院士提出[113]。"蓝色粮仓"发展战略是为了解决人多地少的现实矛盾所提出的渔业产业转型升级战略,是指采用"耕海牧渔"的渔业生产方式,依托海洋生物资源,对其进行捕捞、养殖和加工,将海洋和近海滩涂开发建设成为能持续提供作为食物的水产品的"仓库"[114]。

随着人口膨胀、环境恶化、粮食短缺等现象日益加剧,水产品的食物属性越来越受到人们的重视。相较于普通陆地粮食作物和家禽肉类,水产品更容易大量增殖,能量转化的效果也更高,尤其是海水产品,本身数量繁多,培育周期较短,资源需求消耗较少,更易于养殖增殖,且富含动植物蛋白,污染较少,营养也更为丰富,在食品市场上深受消费者欢迎[115],因此当水产品作为食物被消耗时,可以对粮食作物和家禽肉类产生一定的替代作用。

山东省存在着耕地面积少人口众多的劣势,粮食问题十分严峻,但作为海洋渔业大省,山东拥有绵延的海岸线和宽阔的海域面积,水产资源丰富,发展海洋渔业具有天然优势,同时也有巨大的潜力,且与发展淡水渔业不同的是,发展海洋渔业不需要占用耕地,因此,建设"蓝色粮仓"成为确保新形势下粮食安全的重要手段,"蓝色粮仓"发展战略对渔业产业转型升级的重要性也日益凸显。

近代以来,"海洋强国"战略的实施,使海洋的开发利用越来越被人们所重视,山东省的海洋渔业实现了飞速发展,尤其是海洋捕捞业,产量和产值都十分可观,这为山东实施"蓝色粮仓"发展战略创造了良好的基础条件。

近几年来,山东省的海洋生态环境破坏加剧,水域污染严重,生态系统功能退化,生物多样性不断丧失,渔业灾害频发,海洋在粮食供给方面的能力明显下滑。内部资源方面,山东省土地和淡水资源稀少,开发利用海洋可以极大地缓解食物内需所产生的巨大压力。面对外部环境和资源禀赋的双重压力,山东省要因势利导,走符合地方特色的"蓝色粮仓"发展道路。

"蓝色粮仓"的发展是一个长期的过程,需要政府部门的长期规划和合理布局,科学评估海洋生态系统的资源环境承载力,有计划、有步骤地逐渐开展。首先要加强海洋渔业资源的养护和修复。采取增殖放流等方式,加大人工渔礁等基础设施建设,培育和形成海洋牧场。其次是加大海洋渔业科研投入力度,设立专项资金,鼓励和引导海洋渔业发展。最后是要不断发掘海洋渔业潜力,大力拓展海洋渔业产业发展空间。海水捕捞方面,大力发展远洋渔业。海水养殖方面,根据海洋功能性区划,选择资源和环境具备优势的海域,集中进行海水养殖培育,改善生态环境,完善基础设施建设,加大良种培育和技术创新,优化养殖模式,并着力提高海水养殖的集约化程度,提高海域利用面积和利用率。

三、渔业产业转型升级的战略路径

(一)以渔业科技创新推动产业转型升级

以渔业科技创新推动产业转型升级,就是借助科技创新,不断推动三次产业的转型升级。科技创新的推动作用体现在方方面面。

在捕捞渔业中,优化增殖放流品种,可以丰富捕捞产品的层次、增加产量,改变过去完全依靠自然资源的捕捞模式,通过人工放流,促进渔业捕捞业的生态可持续发展;通过改进捕捞技术,改善捕捞渔船和设备设施,提升捕捞产业的产量、远洋捕捞能力等,变近海捕捞为远洋捕捞,不断扩大捕捞范围,丰富产品种类,推动的现代化形成捕捞产业。

在养殖渔业中,通过培育高产优质养殖品种,改进养殖技术,改善养殖环境,可以开发越来越多的养殖产品品类,有效提升养殖业的产量和附加值,降低自然环境和灾害对养殖业的不利影响,形成产量稳定、产品丰富的养殖产业;通过采用智能化、机械化的生产设备和高效的养殖方式,能够推动养殖业的智能化、自动化生产,大幅度地提升养殖效率;通过科学和技术手段,降低对传统养殖经验的依赖,形成科学高效可追溯的现代养殖体系。

在加工渔业中,通过改进加工设施装备,从而提高劳动生产率,提高原材料的利用率,降低生产过程中的损耗,并且通过新技术研发新产品,不仅能够增加加工渔业的产品线,而且能够将低价值的原材料转化为高附加值的加工制成品，成倍地提高产业盈利能力；通过采用新加工技术，可以达到无废料、零污染的生态化生产；通过科技创新，提升加工业的附加值，由价值链低端向价值链高端攀升。

通过技术创新路径，可以不断推动流通业、仓储业、服务业等渔业行业升级转型，是渔业产业转型升级的必经之路。要实现科技创新引领的产业转型，首先要加强渔业科技创新体系建设，构建渔业科技创新平台，为科技创新、产业创新、模式创新提供发育的环境和保障；其次要建立高效的渔业科技成果转化机制，健全渔业技术推广体系，将有益的成果尽快转化为实际的生产力，将有效的创新模式尽快推广，将合理的转型升级经验尽快普及（见图 8-5）。

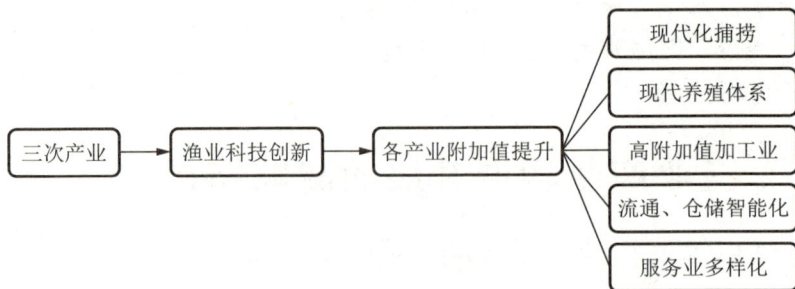

```
┌────────┐     ┌──────────┐     ┌──────────────┐      ┌────────────┐
│ 三次产业 │ ──> │ 渔业科技创新 │ ──> │ 各产业附加值提升 │ ───> │  现代化捕捞  │
└────────┘     └──────────┘     └──────────────┘      └────────────┘
                                                       ┌────────────┐
                                                    ──>│  现代养殖体系  │
                                                       └────────────┘
                                                       ┌────────────┐
                                                    ──>│  高附加值加工业 │
                                                       └────────────┘
                                                       ┌────────────┐
                                                    ──>│ 流通、仓储智能化 │
                                                       └────────────┘
                                                       ┌────────────┐
                                                    ──>│  服务业多样化  │
                                                       └────────────┘
```

图 8-5 以渔业科技创新推动产业转型升级示意图

（二）以"互联网＋"推动产业转型升级

以"互联网＋"推动产业转型升级，就是在产业发展过程中，借助电脑和互联网技术，推动渔业产业转型升级。

首先是要加快农村电子计算机和互联网普及，为战略的实施创造硬件设施条件，基础设施建设是未来产业对接互联网的先决条件，通过网路基础设施建设，在硬件方面满足未来产业和科技发展的需求，为建设大规模的互联平台、推动产品生产销售在大范围内的互联互通打下基础。

其次是要加强互联网平台建设，尤其是电子信息管理平台和网上交易平台的建设。通过综合性的互联网平台搭建，建立产品生产可追溯、物流可监控的质量保障体系，实现平台交易为主、中间环节少、中间成本低的低成本快速流通模式，实现产销两端融合、供需联系紧密的产业升级转型。

第三是要提高认识。从政府、企业管理者到渔业从业人员，都要认识到"互联网＋"对渔业产业的推动作用，主动参与并学会运用互联网络。一方面通过政府的政策引导，为"互联网＋"的应用落地提供政策支持；另一方面通过相关机构培训、宣传等方式,推动"互联网＋"从概念到落地,从理论到实际应用。最后需要渔业产业各参与主体主动应用"互联网＋"的新理念,共同推动渔业产业转型升级(见图 8-6)。

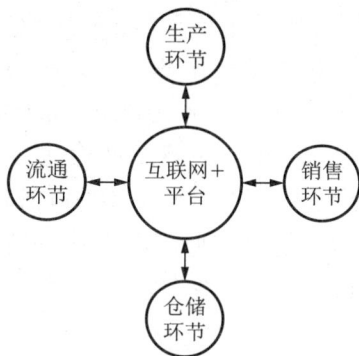

图 8-6　以"互联网＋"推动产业转型升级示意图

(三)以"海陆统筹"推动产业转型升级

以"海陆统筹"推动产业转型升级,就是在建设渔业强省的背景下,山东要依托海洋和陆地两个生态系统,根据海陆在资源禀赋、市场需求等方面的特点,在重视陆地淡水渔业发展的同时,发挥山东省发展海洋渔业的传统优势,重点推进海洋渔业发展,统筹规划,海陆并进,共同发展,构建渔业产业转型升级的空间利用新格局。

在海洋渔业方面,推动"蓝色粮仓"发展。以"蓝色粮仓"概念为导向,以海洋空间为发展依托,充分利用多样化的海洋生物资源,结合高新技术应用,构建一批以海洋水产品生产及其关联产业为核心的海洋食品供给系统,通过"蓝色粮仓"战略的引导,实现相关方向上新科技的应用、旧产业的升级与新产业的建设,最终带动渔业产业的总体转型升级。

陆地淡水渔业方面,推广生产和环境协调发展的立体生态渔业。充分利用荒地、滩涂等低产环境资源,合理利用旧有的养殖资源,通过立体养殖、放牧养殖、生态养殖等方式,提升养殖业的资源利用率,提高养殖产品的产量,丰富养殖种类,将渔业养殖与农业用地合理结合,推广高附加值养殖品种,增加渔民收入,将养殖业推向多层次、多主体、多样化的更高层次。

(四)以"价值链再造"推动产业转型升级

以"价值链再造"推动产业转型升级,就是根据价值形成规律,来重新整合产业链,使链上的各个企业、各个环节在竞争中"抱团作战",更具比较优势。目前大致有四种发展模式和路径:

(1)龙头企业辐射发展形成新价值链。

根据产业内的龙头企业,发挥其产业集聚效用,辐射集聚上下游企业,发展形成完整的产业价值链。以龙头企业为核心,依托龙头企业构建产业链,形成具有较强竞争力的企业集群,打造地域特色、产业特色,形成核心竞争能力,推动地区渔业产业升级(见图8-7)。

(2)三次产业融合形成新价值链。

通过发展第三产业,打通三次产业之间的界限,形成全新的价值链条。通过将地区文化、民俗、自然环境资源、生产活动、竞技活动、娱乐活动等多产业环节整合到一起,形成综合性的休闲渔业产业,打造全新的价值链,推动渔业产业的整体转型升级(见图8-8)。

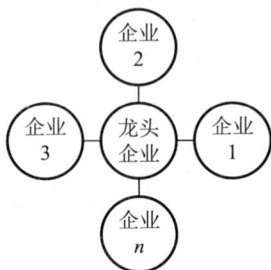

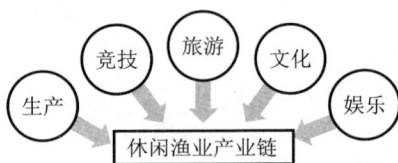

图 8-7 龙头企业辐射发展形成
新价值链示意图

图 8-8 三次产业融合形成
新价值链示意图

(3)关键环节延伸发展形成新价值链。

对已形成的产业链进行产业价值链分析,确定渔业产业价值链的关键环节,以关键环节为中心,向上下游产业延伸发展,形成新的价值链。关键环节具有较高附加值,并且有较高的准入门槛,将关键环节向上下游延伸,能够有效地提升产业盈利能力,促进地区产业转型升级(见图8-9)。

图 8-9 关键环节延伸发展形成新价值链示意图

(4)弱势产业抱团发展形成新价值链。

整合不具备竞争优势的单个产业价值链环节的弱势产业,使其形成新的完整价值链,突出产业的核心竞争力,使其更具备竞争优势(见图8-10)。

(5)关键环节改造形成新价值链。

对旧价值链内关键环节的企业进行业务流程再造(BPR),集中内外部资源发展价值链内核心企业或者核心经营活动,引入高新技术,提高产品附加值,形成新的价值链(见图8-11)。

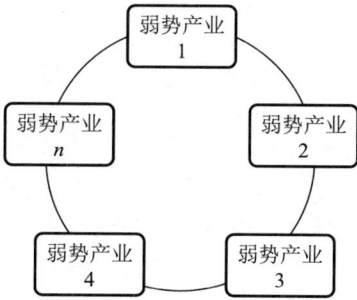

图 8-10　弱势产业抱团发展形成
新价值链示意图

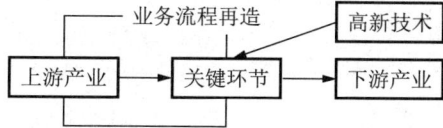

图 8-11　关键环节改造形成
新价值链示意图

第九章
山东省渔业产业转型升级的战略措施

　　渔业产业转型升级是现阶段我国渔业产业发展最紧要、最迫切的问题，也是阻碍渔业产业可持续发展的一系列现状所带给人们的理性思考[116]。"渔业产业转型升级"的概念从出现到受到全社会的重视，经历了一个漫长的过程。

　　在渔业产业发展进程中，传统渔业一直扮演着不可或缺的角色。但随着科学技术水平尤其是渔业推广技术水平的不断提高，渔业资源日益衰竭，生态环境破坏严重，以掠夺型、粗放型模式为主的传统渔业产业面临着转型升级的现实压力。

　　渔业产业转型升级，究其本质就是渔业产业由单纯依赖自然资源的开发利用和加工转向多元化产业形式，使渔业产业的发展能够摆脱对渔业资源的过度依赖，规避因资源的衰竭导致整个产业的衰败，从而实现产业的可持续发展。这就不仅要求渔业产业发展在思想观念的转型升级，还要求山东省渔业产业坚持"企业（渔民）自主自发、政府适度引导"的原则，推进在资源生态、设施设备、政府支持、产业结构、生产模式、管理执法、人员素质等方面的革新。具体转型升级战略措施如下。

一、加强渔业资源和生态保护，实现可持续发展

　　可持续发展包含两个层次的内涵，即要在发展的同时保证可持续性。这就要求在渔业产业发展过程中，既要实现渔业经济的增长，也要注重渔业资

源和生态环境的保护，不能为实现渔业经济的快速增长而忽视生态环境的承受能力，也不能为了保护生态而不去开发渔业资源，要寻找方法使二者协调发展，坚持资源开发与生态养护相结合，使渔业经济不断增长的同时实现生态和谐。因此，山东省渔业产业发展要加强渔业资源和生态的保护，走可持续发展道路，推进渔业资源养护，健全渔业资源监测制度，加强环境和生态保护，杜绝乱占水域资源，科学引导捕捞业发展，发展新型水产养殖业。

（一）推进渔业资源养护，健全渔业资源监测制度

渔业产业发展对渔业资源十分依赖，可以说，渔业资源的开采是整条渔业价值链的开端，因此，必须加强对渔业资源的养护，建设现代渔业资源保护与开发制度。

一是认真执行伏季休渔和禁渔区制度，加大监管处罚力度，并科学引导捕捞渔民休渔期间兼职他业。二是制订渔场建设以及渔业资源修复规划，加强渔业资源的增殖放流力度，在巩固对已有优质品种增殖放流的基础上，积极探索可进行增殖放流的新品种，鼓励增殖放流实验，扶持发展地方优质品种的增殖放流；积极开展人工鱼礁建设和养护工作，在投入机制方面不断创新，选择在渤海和黄海的适宜海域进行人工鱼礁建设，使"增殖鱼礁"、"休闲渔业鱼礁"和"特色产品鱼礁"等人工鱼礁形成一定的规模，为鱼虾贝类等多样化的海洋生物营造出适宜栖息繁殖的生长环境；采取放流和底播*等增殖养护措施，人工养护资源[117]。三是加强水生生物自然保护区、水产种质资源保护区的建设，严格管理和保护珍稀濒危水生动植物，对破坏珍稀濒危水生野生动植物的人员、单位追责。

渔业资源的养护，还要与渔业资源监测制度配套实施，养护的同时随时监测，一旦发现问题可以立即调整养护方向，因此要健全渔业资源监测制度。大力开展渔业资源实时监测和调查取样等基础性工作，在近海主要渔场和渔港以及内陆主要河湖沿岸设立渔业资源监测站点，开展渔业资源全天候实时动态监测，随时反馈渔业资源增减情况，并定期组织实施全省范围内渔业资源调查评估工作，尤其是进行增殖放流后，要及时进行渔业资源增殖放流效果评估与跟踪监测。

---

* 底播是指在适宜的海域环境按照一定密度投放人工水产品苗种，使其在海底自然生长和繁殖的海产品增殖方式。

（二）杜绝乱占水域资源，加强环境和生态保护

（1）科学规范在水域范围进行的工程开发建设项目，合理规划筑港、筑坝、围海造地、取沙、水流发电等项目，实施水域内工程建设对水域生态环境影响评价，并严格审批制度，减少对渔业资源的建设占用。

（2）推进水域资源环境自动监测体系建设，构建水域全天候实时监控系统，通过在入河口、入海口等重点水域广布观测站点，逐步形成全方位观测网络。

（3）大力推进水产种质资源保护区、水生野生动植物自然保护区、渔业自然保护区等的建设，对珍稀濒危野生水生动植物的聚集区或者重点水域加强保护。

（4）组织开展入河、入海污染源普查，加强污染物排水治理，支持和指导重污染企业或单位对污染物的综合治理，加大企业或单位直接排污入水的处罚力度，从源头上控制工业废水和生活污水直接排污入水。

（5）强化公民环境和生态保护意识，通过多种宣传手段，倡导公民自觉保护水域资源和生物资源。

（三）科学引导捕捞业发展，发展新型水产养殖业

科学引导捕捞业发展，就是要：

（1）转变渔业生产方式，尽快实现渔业从传统"采捕型"的单纯捕捞到"耕海牧渔"的以增殖放流和养殖为主的生产方式的转变。山东省具有天然的区位优势和资源优势，地理位置优越，资源条件得天独厚，为这种强调渔牧化的资源管理型生产方式提供了充足的条件。但同时，山东渔业产业在资源和生态环境方面临着巨大的压力，为了能够持久稳定地开发和利用渔业资源，不断发展渔业产业经济，根本措施还是要增殖放流和养殖渔业资源，尤其要把养殖渔业作为具有方向性的重点产业来抓，按照区划水域特点合理渔业布局，扩大增殖和养殖规模，优化增殖和养殖品种[118]。

（2）继续实施减船政策，通过强制报废不达标船只等手段，合理控制捕捞渔船数量，尤其是淡水捕捞和近海捕捞渔船数量，集中优势力量在远洋渔船数量和装备水平上。

（3）严格控制捕捞强度，科学引导捕捞渔民转产转业。在对捕捞强度的管理上，美国由投入控制（又称捕捞努力量控制）转向产出控制（又称渔获量

控制），以最大持续产量（MSY）为限，建立了总许可捕捞限额（TAC）制度、社区发展配额制度（CDQ）、特殊鱼类配额制度（IFQ）、个人渔获配额（IQ）制度和个人可转让渔获配额（ITQ）制度。山东省也可以效仿，逐步建立适合省情的捕捞限额和配额制度，科学引导捕捞渔民转产转业，从而控制捕捞强度[119]。

（4）大力拓展远洋渔业。海洋渔业是山东省渔业中的传统优势产业，在过去，发展海洋渔业一直以近海渔业为主，但近几年来，近海渔业资源被过度捕捞，生态环境破坏严重，相较之下，远洋渔业具有较大潜力，但发展却显得较为落后，因此远洋渔业开始受到重视，且增长速度斐然。据评估显示，目前世界近60%的渔场资源已被过度利用，当前山东省缺乏专业的远洋捕捞船只，现有渔船功率不足、装备水平落后，渔船和装备水平更新所需投入巨大，因此更新速度缓慢，限制了远洋渔业的进一步发展。随着经济的发展，开展远洋渔业的形式也日益多变，山东省远洋渔业发展要因势利导，选择适合地区渔业发展的转型升级道路。通过落实国家施行的扶持政策，研究制订山东省促进远洋渔业快速发展的相关政策措施，巩固提升越洋性渔业；重点扶持一批远洋捕捞骨干企业，集中人力、物力、财力形成"尖刀"，提高远洋捕捞企业的核心竞争力和抵御经营风险能力；加强国际间的贸易合作，共同经营渔业，如利用冷冻收购船或冷冻加工船到渔业资源丰富的国家海域收购其渔获物，运回国内进行精细加工，或在船上先进行粗加工再运回国内；利用经济欠发达国家的廉价劳动力，鼓励骨干加工企业发展在大西洋、南太平洋、印度洋和东南亚海域的公海捕捞，并在国外建立加工和运销配套的渔业生产基地，在当地低价收购渔获物，进行加工增值，再组织运销上市。通过采取这些灵活多变的方式，既能充分利用远洋资源，又能最大限度地发挥自身的优势，保证在资源养护期间渔业的发展，这也是许多发达国家最常用的渔业发展策略，值得山东省借鉴和学习[120]。

鼓励和推广新型水产养殖方式。根据养殖面积和容量，合理布局养殖密度，防止水产养殖对生态和水域环境造成严重的破坏。通过较大规模物联网*覆盖的实现，大力推广设施渔业，进行网箱养殖、工厂化养殖、循环水养殖等方式，重点发展碳汇渔业、立体生态养殖等环保、低耗、高效的养殖方式，营造"水底森林"，通过不断改善水域生态环境，来获得经济效益和社会效益。

---

* 物联网是利用互联网等通信技术把传感器、控制器、机器、人和物等通过新的方式联在一起，形成人与物、物与物相联，实现信息化、远程管理控制和智能化的网络。

二、完善渔业装备和基础设施建设

渔业装备和基础设施水平是渔业产业发展的主要载体,"工欲善其事,必先利其器",因此,要加快渔船的更新改造,推进渔业装备现代化;提高渔业基础设施建设水平,发展渔业空间载体。

(一)加快渔船的更新改造,推进渔业装备现代化

继续开展渔船更新改造工程,按照中央专项、地方配套、民间投资、企业或渔民自筹等多种渠道筹措资金的方式,并把项目资金落到实处。加快实施渔船标准化配备,推动老、旧、木质渔船淘汰,选定推广安全、节能、高效、环保的、适合山东省捕捞和养殖作业现状的钢质或玻璃钢质标准型渔船,鼓励应用天然气、电力、太阳能等节能环保新能源[121]。推动渔船的集中交易试点工作,利用市场化机制不断完善整合船网工具指标。集中培育一批现代化的远洋渔业船队,以大型钢质的外海作业捕捞渔船为载体,配备先进的渔业机械和导航等助渔设备,全方位提升山东省远洋渔业的装备水平。

渔业加工企业应加快生产设备的更新改造,淘汰落后产能,倡导使用环保新能源,降低能耗,延长设备使用寿命,提高设备自动化程度和生产效率。

(二)提高渔业基础设施建设水平,发展渔业空间载体

加强基础设施建设,为产业集群发展提供基础性保障,为集群内企业降低成本,提升企业竞争力,提高产品流通能力,提供硬件支持。

(1)不断提高渔港设施的建设维护水平。通过创新渔港的建设维护模式,建造一批达到或超过国家级标准的现代化渔港,建造完善的基础设施,规划合理的停泊水域面积,构筑较高的防风防灾能力,不断提升补给维护能力,满足在相关区域内各类渔船的需求,达到水产品交易快速、流通便利、渔港水域状况良好、渔业管理、监控和治安等能够得到有力保障的目的。不断推动渔港建设的标准化进程,加大渔港公益性基础设施建设,增加对渔港防波堤、护岸及码头等的建设投入,可免征公益性渔港建设的海域使用金。通过完善渔港各项配套设施,建设以一类渔港为龙头,其他渔港及锚地为辅助的防风避风、减灾防灾体系。通过建立一、二类渔港的视频监控体系,逐渐实现渔港的信息化管理。

(2)着力打造现代化的渔业产业园区,丰富渔业产业发展的空间载体。

通过支持一批重点的、具有竞争力的养殖类基地和休闲渔业类基地,充分发挥核心基地的辐射作用,带动山东省整体渔业产业的发展。

（3）加快渔政、渔港、水生生物自然保护区、水产种质资源保护区等基础设施建设,为产业发展、科研创新、育种育苗提供设施保证。

（4）加强养殖基础设施建设,全力整改养殖鱼池,实现生产设备智能化,使其符合现代化生产的要求,增加对水产品质量监控、防疫等的基础设施。

（5）完善交通、水、电等基础设施建设,为休闲渔业的发展提供实际帮助。

三、合理提升政府支持力度,政策和资金投入相结合

政府支持力度要合理,在满足产业发展需要的同时,还不能使产业和企业对政策形成依赖,要发挥企业和个人从业者的主观能动性,督促企业成为学习型、成长型企业,因此,政府要从多角度、多渠道,进行合理有效的支持。

（一）合理加大资金投入力度,加强投入效果评估

合理加大政府对渔业产业的投入力度,通过资金对渔业产业发展直接补贴。

（1）不断优化渔业固定资产投入结构,重点向渔业生态修复、水产养殖良种引进和培育、远洋渔业、渔业基础设施建设、渔船和设备更新改造、渔业品牌推广、渔业科技创新和水产技术推广等领域倾斜,建设一批具有较强综合竞争能力、具有一定特色的水产品加工产业经济带,不断提升渔业产业的可持续发展能力,并着力增强山东省渔业产业发展的创新驱动力。

（2）补贴相关从业人员,例如奖励渔业从业人员养殖和捕捞技术创新,增加渔业从业人员投身加入到转型升级体系中的积极性。

（3）通过补贴高科技企业等符合条件的企业,从财政上支持企业的科技创新和品牌推广,通过直接补助的方式,鼓励企业自主创新和拓展产品销售渠道,激励企业在转型升级的道路上不断成长。

（4）通过保证资源调查、质量监管、灾害防控、紧急救助等方面的财政经费,为产业升级转型提供多维度的支持。

（5）深入开展水产健康养殖示范场(区)创建活动,积极争取国家专项资金支

持[122]。

最后,政府还要注意加强对补贴作用和效果的评估,根据实况不断对补贴政策进行调整,避免政策投机。

(二)加强渔业法制建设,落实渔业产业发展政策

在制定渔业政策法规时,要先开展基于现实,基于科学的调查和实验,实现管理和科学研究的互相融合。美国的渔业管理机构中,观察员项目处和渔业研究处就是为了进行统计调研和科学研究而存在的常设部门。渔业观察员在渔船上监督并报告渔船作业、渔获量、抛弃量、兼捕量情况,同时还需要搜集和核实渔业数据,覆盖率水平根据渔船大小、兼捕渔获物状况各有不同,但都相应保持了较高水平的覆盖率。渔业研究处定期进区域性统计调研,并组织科学研究。并且美国在进行管理决策、制定和修改法律法规时,都要由各相关领域的专家学者参与,以科学研究为依据,并且建立在科学调查的基础上。如国家海洋渔业局(NMFS)就有自己的咨询委员会,渔业管理计划的制定者、区域渔业管理委员会以及审批者商务部长,也都各自有一个科学与统计委员会或顾问小组,通过这些部门对其工作的协助,增强了法律政策和管理措施等的可行性,避免了盲目性。因此,政府部门在进行决策、制定法规前,应对实地进行全面调查,倾注资金和人力在各种实时监测系统的建设上,在充分获得各方面数据的情况下,再进行大量科学实验,待实验结果得到专家和学者的充分认可后,再落实到政策法规的制定上。

(1)通过法律、法规、政策等措施,规范和限制渔业活动,包括对水域范围、渔船渔具、渔获物的种类和规格等的规定,保证水域和渔业资源等自然资源的可持续利用,保护渔业企业、渔业从业者的权益,保障渔业科研成果的知识产权、专利权;通过立法、司法、执法不断强化渔业权制度,完善渔业产业经营制度,进一步研究建立养殖权和捕捞权流转机制,保障渔业生产者依法享有长期稳定的水域(水面、滩涂)范围的所有权和经营权、养殖使用权和捕捞使用权等。

(2)出台扶持政策,规范渔业产业和引导渔业产业发展。法律政策的实施效果,要靠落实程度来确保,因此各地市要根据自身的资源特点,将国家和省内的各项渔业产业扶持政策落实到位,及时出台具体规划措施,组织实施好各个建设项目。

(3)建立健全融资体系。鼓励有能力的企业通过多种融资渠道,保证转

型升级资金充足,来促进渔业产业转型升级。在资金的获取途径上,资金投入不能仅仅依靠国家和地方政府的财政税收收入,要探索渔业产业集约化经营的途径,通过信用体系建设,为渔业从业个体及企业授信,从金融方面为相关从业主体提供转型升级的资金支持。支持有条件的企业合理利用资本市场融资及发行债券,鼓励外商直接投资,构建集国家和地方财政、引进外资、地方筹资、社会资金于一体的融资体系,集众人之力,共同推进渔业产业转型升级,依靠合理政策引导,实现各方共赢,形成投入——产出的良性循环。

（4）加强国际间合作和谈判,积极开展国际间渔业产业经济技术、信息、资金、人力、资源方面的合作与交流,为渔业捕捞企业远洋捕捞和水产品加工企业他国设立工厂创造便利条件。

四、优化渔业产业结构,提升渔业价值链

渔业产业的发展需遵循"整体、协调"的原则,通过调整和优化山东省渔业产业结构体系,形成养殖、捕捞、加工、流通和服务一体化的各产业互惠互利的产业链条,实现渔业经济各产业协调发展,探索并确立一种具有山东省特色的渔业产业发展模式。

渔业第一产业的发展依然是重中之重,一方面,全面推进渔业服务业的发展,重点发展休闲渔业,形成产业互动发展的良性循环;另一方面,稳步提升水产加工水平,通过加强质量管理,产品实现质的提升;第三,完善渔业科技成果转化机制,健全渔业技术推广体系。通过这一系列的措施,促进渔业第二、三产业发展,实现渔业三次产业的融合,走有序协调发展的道路。

（一）全面推进渔业服务业发展,形成产业互动发展良性循环

提高渔业流通和服务水平对渔业产业转型升级水平提升明显,因此,要加速发展渔业服务业。

首先需要不断提升水产品流通行业的规模化与信息化,在省内布局选址合理的水产品和渔需物资交易市场,从全局统筹的角度,构建更加专业化的水产品流通网络,形成一批规模化的水产品流通中心,全力打造具有地方特色的渔业流通体系。在此基础之上,大力开展水产品流通信息化建设,推动形成更专业的水产品网络交易平台,发展渔业电子商务,推动实现产销一体化、网络化,将传统的流通网络、资金渠道、商业往来与现代的信息系统整合

起来,提升水产品流通效率,形成物流、商流、资金流、信息流的统一和融合。

其次,不断提升水产品(仓储)运输产业的专业化和现代化水平。针对山东省在水产品(仓储)运输业发展较为缓慢的现状,培育发展一批具有专业化、大批量运输能力的(仓储)运输企业,将传统多为分散经营的水产品(仓储)运输产业整合起来,形成区域间中长距离(仓储)运输由专业化企业集中运营、区域内短距离(仓储)运输由传统分散经营业主为经营主体的产业方式,着力打造一批具有专业化能力、现代化设备的企业,满足省内区域间流通及辐射内陆和国外的(仓储)运输体系需求。

第三,重点发展休闲渔业。以科学调查和研究为依据,遵循当地资源与特色文化相结合、渔民个体与企业经营相结合的思路,发掘、创造出一批具有当地特色的渔业文化、并将休闲与产业整合发展的休闲项目。山东省具有漫长的海岸线,渔家生活体验、海岛特色生活、垂钓观光、海鲜餐饮、特色养殖捕捞、海洋生物工艺品制造等内容丰富、形式多样的休闲渔业品牌建设,能够为山东省渔业产业的发展产生巨大的推动作用。可以此为基础,结合渔业文化发展、历史沿革、科普知识等,开发更多深层次、集休闲与文化为一体的特色产业。加强管理方面的宏观规划,完善相关法律制度,完善配套服务,增加消费者的客户满意度,形成地方特色,产生品牌效益。

通过渔业与渔业流通和服务业互动发展的良性循环,最终促进山东省渔业产业转型升级。

(二)稳步提升渔业加工水平,产品实现质的提升

渔业加工水平的提升不能仅仅追求量的增加,还要注重质的提高,要以精深加工作为主线,加强对低值水产品和废弃物的综合利用,促进渔业加工业规模持续扩大,附加值不断提升。

(1)大力发展水产品精深加工工艺。通过使用先进技术和装备,一方面合理利用传统的水产品加工废料,将传统水产品加工企业无法利用、不知该如何利用的下脚料、低值水产品充分开发利用;另一方面,通过引进新设备、研发新工艺、创新产品,不断拓展新的水产品加工领域,在藻类利用等新兴的水产加工领域推动创新和技术推广。

(2)提高渔业加工业智能化水平。智能加工在渔业加工业中拥有巨大的潜力。山东省水产品加工过程中,对工人技术要求不高,而且人力成本明显要高于机器人成本。机器人不仅可以进行长时间的加工作业,而且更能适

应低温等恶劣加工环境,不容易出现安全事故,人员伤亡损失降低为零,相对于人力加工具有明显优势,而且随着科学的进步,机器人的功能将会越来越先进化,售价也将会越来越低。因此,山东省水产品加工要摆脱过去单纯依靠人力成本优势的简单水产品加工,提高智能化水平。

(3)以规模化加工企业为中心,带动建设一批中小企业聚集的产业集群。现阶段的竞争已经不仅仅是企业自身的竞争,而是综合实力的竞争,通过以规模企业为核心,建设一批具有特色的产业工业园区,形成具有规模优势的产业集群,不断推动中小型水产加工企业竞争能力的提升。产业集群内的企业,可以共享基础设施资源,有效发挥产业集群的辐射效应和规模效应。

在依靠技术手段提升产品加工水平的同时,不能忽视对水产品质量的监管和提升。一是建设水产品源头可追溯制度,保证源头水产品质量。二是建立健全水产品质量标准体系,加强 HACCP* 制度的普及与应用。三是加强水产品检验检疫工作,形成科学的检验标准,制定完备的检验检疫法律法规,用科学规范的手段,加强水产品质量监测力度。四是严格控制鱼药的使用,加强养殖业鱼病的防控,坚持“以防为主”,减少养殖鱼药的审批,加强行政监管力度,减少环境和水域污染以保证水产品的食品安全。

通过水产良种工程的实施,加大水产良种的选育力度,加强良种水产的推广应用,引进和培育大宗、优质、名牌养殖水产品,保证高质量水产品供给,从源头保证水产品加工产品的数量和品质。通过投放优质水产苗种,加大养殖力度,保持渔业产业的可持续发展,为水产品加工提供可持续、高品质、大规模的原料来源。

(三)完善渔业科技成果转化机制,健全渔业技术推广体系

完善渔业科技成果转化机制,加快技术创新和成果转化,是渔业产业转型升级的强力推动因素。首先,山东省要完善渔业科技创新奖励机制,并且加强对渔业科技成果知识产权、专利权的保护,鼓励科研人员从事渔业技术创新,改善渔业生产设备,改进渔业生产技术,提高产品附加值。其次,进行渔业信息化管理平台建设,强化渔业科技信息服务。通过加强渔业信息网络技术和信息体系建设[123],打造科技创新的转化平台,合理的配置社会资源,

---

* HACCP (Hazard Analysis Critical Point)即危害分析的临界控制点,是一种比较传统的食品安全检验和质量控制项目,强调在加工过程中对潜在性危害的辨别和控制,而不是仅仅在生产过后进行检验,从而降低风险和损耗。

加快科技转化速度和效率,增加创新热情。打造"政用产学研"一体化、信息流通顺畅的科技信息交流平台,让企业第一时间找到所需的科研支持,为科研成果第一时间搭配到有意向的企业,通过信息的无缝连接,提高服务的效能和水平,促进科技成果转化成效,为渔业产业转型升级提供有力支持。同时,也可以实现宣传作用,推广优势水产品品牌。

建立完善的水产技术推广体系,也是渔业产业转型升级的关键。不断推进水产技术推广体系改革,构建完善的渔业科技成果推广体系,建立以技术推广机构作为推广主体、相关科研单位、产业协会、渔民自发形成的专业合作组织和渔业龙头企业共同参与形成的完整水产技术推广体系,促进科研机构、企业、水产推广人员之间的互动协作[124],有效提高科研成果的转化效率,进一步提高渔业技术研发和市场经营相结合的水平,实现渔业经济基于科技驱动的创新发展。不断改革基层的水产技术推广体系,在充分发挥推广人员数量优势的同时,加强推广人员学历教育和业务水平的提升,打造高素质技术推广人员团队;加强水产技术推广机构示范基地建设,开展多种形式渔业社会化服务示范县创建活动;广泛开展渔民技术培训,提高技术推广、病害防治等科技入户的社会化服务水平,提高渔业公共信息化服务能力。

五、提高渔业产业化水平和组织化程度

渔业产业化和组织化是市场需求带来的必然结果,目的是让生产能力较低的分散生产能够通过产业化的过程满足复杂的国内外大市场的需求,最终形成集生产加工、运输销售为一体的整体,各环节有机结合、相互促进,实现渔业产业自生产至加工销售各环节能够按照链条化、系列化进行生产经营的方式。

提高渔业产业化水平和组织化程度,核心内容就是将渔业生产活动有机地结合到市场经济运转过程中去,按照市场的需求进行产业经营运作,最终形成一个以渔业专业化生产为基础、以水产品精深加工为纽带、共同满足市场需求、生产、加工、销售、服务多环节协调整合、相互依存的共同利益整体。

(一)形成地方渔业品牌效应,推动渔业产业一体化经营

推动渔业产业化经营的发展,推进数量增长转变为质量增长和效益提升。建立健全渔业产业经营制度,完善相关的行业准入和退出机制,不断提

高渔业产业发展的经济活力。

强化品牌建设,提高产品竞争能力。品牌建设是产品提高附加值的有效途径,较高的品牌影响力将有效带动水产品加工企业的销售能力、盈利能力和社会效益。一是通过推动龙头企业、规模企业建立自己的品牌优势,形成一批具有行业知名度的加工业企业,同时依托产业集群,以品牌带动集群发展,形成较强的产业竞争能力和较高的水产品加工水平。二是力求打破传统的品牌推介思维,发展其他高效低耗的品牌推广模式,如学习韩国的先进经验,利用影视作品塑造品牌形象,甚至采用明星代言等方式,提高品牌知名度,推动品牌快速普及市场。

形成以市场为导向的一体化产业化经营方式,进行养殖(捕捞)加工一体化经营、产供销一体化经营、渔(农)工商一体化经营。

(二)培养壮大渔业龙头企业,建立适合省情的渔业协会组织

通过发挥龙头企业的带动效应,拉动整个产业的产业化进程,是一种主要的产业化模式,是传统渔业向现代化产业过渡的重要方式。因此,需要着力培育以龙头企业为核心的渔业价值链,依靠龙头企业连接市场和千家万户,将渔业龙头企业作为整合资源、联通生产、加工、运输、销售等环节的枢纽和桥梁。渔业龙头企业必须具备强大经济实力、具有规模效应、技术含量高、辐射带动力强等基本条件,其主要表现形式有以加工企业为主体的加工带动型企业、以市场导向带动生产经营的市场带动型企业、以中介服务为纽带的联合合作经营为主的中介组织带动型企业和以科技创新和技术进步依托并不断推广新产品的科技带动型企业。渔业产业化的关键引导产业内的龙头企业为终端的渔民提供多样化的服务,增加渔民收益,分担渔民风险,与市场构建稳定的经营关系。因此,培育发展渔业产业中的龙头企业能够推动渔业产业结构的转型升级。

渔业的产业化进程需要有强大的社会化服务网络来支撑,需要有渔业产业服务组织参与其中。美国和日本都已经意识到合作管理和发展的重要性,颁布了相关法规法案以建立渔业产业组织,促进区域之间的渔业产业发展合作。

作为渔业产业组织的一员,区域渔业管理委员会和渔业协会都在美国渔业发展中扮演着重要角色。渔业和其他自然资源一样,不能被一个州或联邦实体有效管理,为解决这一问题,区域渔业管理委员会依法(《渔业保护和管

理法》)成立。委员会由符合条件的公众和政府代表组成,制定的措施由商务部长批准后,再由渔业管理和执行机构组织实施。渔业协会则是为了保证产业链各个环节的有序发展和正当竞争,企业各自根据自身需要联合组成。这些协会在渔业发展中起到了服务和纽带的作用,为企业提供生产资料、技术、信息等各种服务;规范约束企业经营行为,引导企业健康有序竞争,维护企业合法权益;向政府反映企业需求,提出行业发展建议,并保护本行业利益;做好内部组织、协调,并协助政府进行一些调查研究工作[125]。各种行业协会也自发参与渔业管理。

日本特殊的渔业协同组合,作为渔民的合作经济组织,有渔业协同组合、渔业生产协同组合和渔业加工协同组合等组织形式。2008 年,日本这三种形式的渔业协同组合数已达到 2 764 个。渔业协同组合是渔业管理的主要实施者,主要职责范畴包括以下四方面:一是对渔业权的管理。渔业协同组合是渔业权的管理主体,也是许多渔业权的权利主体,避免了个别渔民独占特定水域的情况。二是对渔业生产用品采购的管理,包括燃油、渔具、饵料等。三是提供渔业保险和金融服务。日本的渔业保险制度的出现主要是为了降低中小渔业在渔业灾害中的损失,资金来源包括渔民自己通过渔业合作社的运营和管理的互助保险机制、中央政府的保费补贴等行政补贴、特殊灾害资助等。到 2005 年,日本的渔船投保比例甚至高达 95% 以上。目前,日本渔业保险制度的服务和承保范围越来越全面,除了渔船保险制度外,还有普通厚生共济、船员厚生共济、团体信用厚生共济、渔民老龄福利共济、渔民年金共济、财产共济等渔业协会共济制度,以及渔获物、养殖、特定养殖、渔业设施等渔业共济保险制度。四是对水产品销售的管理。渔业协同组合参与水产流通过程,直接参与或组建批发市场和集配中心,组织对水产品进行品质检查、规格分类和定价,同时还建立了自己的加工设施,这些都有利于水产品的加工增值,对水产品的销售影响极大。

山东省要借鉴国外成功经验,促进渔业产业增效和渔民增收,就要建立渔民专业合作社等适合省情的渔业产业服务组织,一是直接参与渔业管理,尤其是渔业权的管理;二是辅助渔业政策法规的制定和落实,成为政府和渔民双向沟通的中介组织;三是给成员提供信息服务和技术支持,指导成员进行渔业生产;四是联合成员参与市场竞争,提高渔业产业综合竞争力,并维护成员权利不受侵害;五是给成员提供保险和服务,提高成员抵御风险的能力。

（三）提升渔业管理能力，加大渔业生产安全监管力度

（1）倡导科学渔业管理，提升渔业执法能力。

科学的渔业管理和强有力的渔业执法是目前渔业发达国家都十分重视的方面。产业的转型升级是个复杂的体系，渔业在其捕捞和养殖业、加工业、流通和服务业的各环节都存在普遍联系，需要相互协调，都要依靠渔业管理和执法来实现，管理和执法的成效直接决定着转型升级的实现程度。如果没有现代科学的管理理念、管理手段和执法方式，没有高素质的管理者，即使有了完善的设施和装备、先进的技术、强有力的政府支持，渔业在转型升级与发展过程中仍然会陷入困境，举步维艰。因此必须要用科学的方法对渔业产业进行有效的管理，并且用强有力的渔业执法加以落实。

首先，根据依法治国的理念，依法治渔，依法管理。在美国，《渔业保护和管理法》赋予管理和执行机构以充分的权力，依法治渔，法律先行，因此，要完善渔业基本法律制度，尤其要建立与山东省渔业产业发展现状相适应的渔业法律法规体系，并进一步做好渔业产业法律法规的修改和完善工作，建立健全执法和监督管理制度势在必行。

其次，管理人员素质水平要提高，管理思想要科学、进步，管理手段、方法要先进。加强渔业执法队伍素质能力建设，提高渔业管理人员的科学文化素质和业务水平。渔业管理和执法人员不仅要加强自身文化修养，而且要提高自身业务水平，更要不断拓展国际视野，加强对国内外先进渔业管理思想的学习。高效的信息管理系统是管理过程中必不可少的部分。进入大数据时代，管理的过程也要运用先进的信息管理系统，才能提高管理效率，事半功倍。

再次，改革渔业管理和执法体制，提高管理和执法效率。一是要加快将渔业管理和执法机构纳入公务员管理的进程，经费统收统支，经费收支管理纳入全省财政统一管理体系中，执法与缴费分离进行，杜绝"以法养法"现象。二是要加强渔业产业管理设施设备建设，加快执法基地和执法码头建设，增设渔业执法船，提高渔业执法船装备水平，形成合理指挥、快速反应、严格执法的渔业执法体系，按照国家及山东省的规章制度参与管理和维权护渔行动。三是要将全省渔业执法机构纳入统一部门之中，设立唯一归口管理部门，实现渔业执法机构统一管理、统一调配，明确渔业管理各部门权责，提高执法效率。最后，渔业资源的保护执法要基于全局的视角，综合各方面因素进行

宏观调控,因此,要加强综合管理能力,加大宣传与引导力度,使渔民和其他渔业产业组织主动参与到渔业管理中。

最后,要严格执法,促进渔业执法与渔业管理的协调统一。科学的渔业管理要从宏观层面对渔业产业的发展产生正向的推动力,必须要有科学严格的执法,对渔业从业人员的行为进行规范和约束。在美国,经授权的官员,理由充分即有权登临任何渔船进行搜查;有权扣留违法渔船、渔具和渔获物;即使无拘票,有权逮捕任何违犯渔业法规的人员。违法处罚方面,普通违法行为处以2.5万美元以下民事罚款;阻碍执法人员登临检查搜查或对违法行为的处置,处以5万美元以下罚款或6个月以下监禁的刑事处罚;使用危险武器进行抗拒,则处以10万美元以下罚款或10年以下监禁的刑事处罚。正是这样才得以保证美国的渔业产业发展协调有序,可见,只有科学执法、严格执法,才能保证管理的实施效果,因此,山东省也要学习和借鉴美国科学严格的执法手段,对渔业产业进行有效的规范和约束。

(2)加大渔业生产监管力度,完善渔业灾害规避制度。

加强渔业安全生产管理,推进山东省"平安渔业"建设。加大渔业安全生产宣传力度,提高从业者安全生产意识。加强渔业事故和灾害的防范工作,增设监测机构,对渔业灾害提前预报,及时向渔民预警。加强生产安全监管,形成渔业安全事故追责制度,对于违反法律规定或操作失误等因自身原因造成重大渔业安全事故的责任人从严处理,同时追究其直属管理部门的责任。建立事故应急救援和处理机制,提高渔业抢险救灾能力。加快渔业管理信息化进度,完善渔业安全监管系统、渔船防碰撞系统、海上救助系统[126]。建立和发展渔业风险保障体系,由政府、保险企业和渔民风险共担,降低渔民的风险损失。

六、提升渔业科技创新能力和人力资本供给

(一)加强渔业科技创新体系建设

现代渔业产业逐渐转变为科技导向型产业,将科学技术放在指导实际生产作业的第一位,就能够不断提高渔业生产手段的多元化。渔业产业转型必须摆脱产业发展对渔业资源的过度依赖,因此新型产业的发展就要求更为先进的渔业科技创新体系作为技术保障,推动渔业产业的可持续发展。

实证分析表明,为提高渔业科研创新水平,R&D人力、物力投入需要保持长期性和持续性。

(1)山东省要依托在渔业科研领域方面的优势地位,强化渔业科技支撑体系建设,构建以政府政策支持为保证、以用户和市场为导向、以企业为主体、以高校为人才保证、以科研机构为科技保证的"政用产学研"相结合的技术创新体系。强化渔业科技人才培养,通过重点支持相关的科研院所和高校,加大人才培养力度;通过定向培养的方式,减少人才流失;通过科研院校、渔业协会、渔业合作组织的共同参与,深入企业,有针对性的帮扶提高,促进转型升级。

(2)通过推广国外的先进科技,来加快国内的产业升级速度。科技创新并不表示全部自主,在适当的时候,需要通过引进、学习,来帮助加快创新的步伐,通过消化吸收引进技术,为自主创新打开思路,夯实基础。而且,通过引进技术消化吸收,还能快速提高相关工作人员的工作水平及能力[127],为科技创新、行业突破打好基础,做好文章。

(3)大力支持自主创新,不断进行产业关键技术攻关。要不断培养创新型渔业科研人才,推动企业和科研机构成为创新主体,加强知识的更新和技术的创新,组织企业、高校和科研机构等,重点围绕生态环境保护、优质品种选育、水产品疫病防控、水产品质量安全健康和生态养殖技术等领域亟待解决的关键技术和突出问题,围绕加强工厂化养殖、深水网箱养殖技术的推广普及、现代水产品精加工和先进远洋捕捞技术装备等的研发升级,集中力量,开展联合科研攻关,全力突破产业所需的关键节点、核心技术,形成具有自主知识产权和自主品牌的渔业产业科技创新成果,凝聚产业核心竞争力,拓展产业利润空间,并加快科研成果转化,形成资金和科研创新的良性循环,最终推动渔业产业转型升级。

另外,保护渔业从业者权利也不能被忽视,要着力完善渔业知识产权使用和保护机制。渔业从业者权利包括渔业权、知识产权和专利权。渔业资源的可持续利用问题一直是渔业产业转型升级研究的核心内容,渔业的自由准入是导致渔业资源枯竭的一个重要原因,如果要指导对渔业资源的使用,就必须要首先明确渔业资源的合法使用人,才能更好地进行指导、管理和监督,而渔业权的提出就是为了明确渔业资源的使用人,确保他们对资源的使用权。知识产权和专利权的保护也十分重要,可以推动渔业科研工作者改进养殖和捕捞技术,改善渔船和捕捞设备,增加渔获量;改进加工技术,改善加工设备,提高生产效率,提高产品科技含量,从而增加产品的附加值。

(二)合理布局渔业产业人力资本

(1)优化渔业从业人员结构。合理引导从事第一产业的渔民向渔业第二、三产业转移,鼓励渔民由传统家庭生产模式向产业化、规模化生产转型升级。国内外的先进经验表明,产业化进程是影响渔业劳动力转移的一个关键因素。渔业产业结构调整可以促进渔业劳动力转移就业,能够推动构建发展渔业产业化服务体系。通过渔业产业化进程,使得水产品精深加工行业得到快速发展,产业链延长,产业附加值提升,既可以增加渔业产业效益,又可以增加渔民收入,还能够吸收社会大量剩余劳动力再就业。支持养殖渔民发展休闲渔业,加大部分渔民的"农牧化"程度,实现渔业产品增值,由渔民的构成结构升级带动整个山东省渔业产业的转型升级。

(2)提高渔业从业人员素质水平。提高渔业从业人员自身的科学文化素质和职业素养,是渔业劳动力的市场需求,也是渔业经济发展的需要。通过基础教育推广,提高渔业从业人员受教育水平,提升渔业从业人员的整体素质,是实现渔业产业转型升级的关键。加大水产技术推广力度,提高科技信息服务能力,加强渔业技术教育和培训,使渔业从业人员掌握先进生产技术,并加强渔民应对市场和自然风险以及维护自身合法权益的能力,使其更能适应市场经济的发展。

(3)提升渔业从业人员盈利能力。渔业产业转型升级要求实现"渔民增收"和"地区繁荣",这就要求山东省渔业产业发展要将渔民的切身利益放在第一位,必须要重视渔业劳动力收入水平提高的问题,不断提升产业劳动力的收益,吸引优秀人才从事渔业产业,提升渔业人力资本水平。

第十章

结　语

　　虽然山东省的各项渔业产业数据在与平行省市的比较中,大多数都处于相对优势地位,少数达到平均水平,极少有相对落后的产业数据,但是从整体来看,山东省的渔业产业发展仍然处于初步发展阶段,相较发达国家,存在巨大的差距。无论是在产业结构、产业生态还是产业组织水平、产业科技创新能力和产业人力资本等方面,都存在较为突出的问题,需要我们通过合理的战略规划,推动产业整体发展。

一、研究结论

　　本书通过对渔业产业发展现状进行分析,并构建了渔业产业发展水平评价指标体系,从横向数据对比与纵向历年数据参考两个维度,对山东省渔业产业发展水平进行了相对客观的评价,通过数据计算测度山东省渔业产业发展水平,以此为基础,总结归纳渔业产业转型升级面临的主要困境。通过对渔业产业发展的内外部环境分析,构建 SWOT 模型总结渔业产业发展所面临的外部机会和威胁、内部优势和劣势四个维度的作用要素。根据以上分析,本书采用 VAR 模型测度渔业产业转型升级与相关因素的关联关系,为确定山东省渔业产业转型升级战略方向提供参考,在此基础上,确定山东省渔业产业转型升级的战略选择和战略路径,并分析归纳保障战略实施的各项举措。在研究的过程中,本书得到如下结论:

　　(一)山东省渔业产业发展水平总体趋势上升,但是存在上下波动,说明一方面产业转型取得了一定的成效,但是仍然存在很多问题,对产业发展水平产生了较大的影响,需要我们在研究中,进一步分析辨别有利因素强化投入,同时对不利因素进行改进。

(二)通过指标评价体系构建,我们还可以发现,山东省渔业产业与国内平行省市比较,发展水平相对较高,但是与发达国家和地区相比,各项指标又处于劣势。说明山东省渔业产业发展起步较早,取得了一定的成效,但是仍然具有很大的提升空间,还面临着大量的机遇和挑战。

(三)山东省渔业产业转型升级正处于初步发展阶段,面临的困难较多,一方面需要解决前期粗放增长带来的生产力持续发展与环境资源有限之间的矛盾,化解产业转型升级与人力资源不足之间的冲突,另一方面需要适应资本、科技创新进入渔业产业带来的新变化、新方向、新模式。

(四)根据 SWOT 分析,我们发现山东省渔业产业存在很多先天优势,并且很多外部机会都对产业发展提供了推动作用。无论是从自然资源、生产力、产业实力等硬实力方面,还是从人力资源、科研能力、文化素质等软实力方面,都存在着巨大的潜力,是未来产业转型升级的潜在助力。但我们也应该认识到,山东省渔业产业存在着很多巨大的劣势并面临相当多的威胁。无论是产业结构、产业可持续增长性,还是生态环境、各项成本支出、外部竞争等,都开始制约着渔业产业的持续发展与转型升级。

(五)VAR 模型测度显示,渔业流通和服务水平对渔业转型升级的影响作用最为明显;科研创新能力对渔业产业转型升级的影响需要有长期持续的投入作为支持,才能够取得较为显著的效果;渔业加工业水平需要注重质的提升,推动产业发展;政策支持需要考虑合理性、有效性、持续性,以防止对产业发展起到反作用。

(六)产业转型升级需要多种战略相结合,多条路径共同推动,在产业转型升级发展过程中,需要兼顾生态平衡、政策引导、政用产学研协同、价值链再造、商业模式创新等多种途径和方式,并且合理引入"互联网+"思维,利用先进的物流、信息技术,打造快速、智能的产业发展体系,构建合理的三次产业结构,创造多样化的高价值盈利模式。

(七)保障战略实施需要多举措并行,通过培育生态、加强基础设施建设、加速设备及工艺现代化、加大政策支持和资金投入力度、提升科技创新能力、提高从业人员素质、培养组织管理能力等,保障产业结构合理调整,产业增长提速,产业布局合理,产业利润提升。

二、研究不足

全书囿于笔者的能力和时间的限制，仍然存在诸多问题，需要在以后的工作和研究中继续深入探索，持续思考。

（一）在山东省渔业产业发展水平评价中，由于统计数据的缺失，本书指标体系的建立还不够完善，不能对山东省渔业产业发展水平做出全面、系统的评价；由于部分统计年鉴发行较晚，统计数据截止到 2013 年，不能反映山东省渔业产业发展水平的最新现状。

（二）限于可查数据向上追溯的年代限制，VAR 模型的可利用数据年限存在一定的局限性，导致只能够同时进行四个指标的分析，无法引入更多的指标因素进行并行分析，是本书的遗憾之一。

（三）政策实施效果无法进行准确的度量，因此对政策因素的评价存在一定的主观性，由于时间与精力有限，无法对国家及山东省出台的政策和规划进行具有权威性的评价。

（四）限于笔者的学习环境，产业发展的战略设定多是通过参考政策制定及文章分析，没有进行独立的有效性评价，存在一定的主观性。

三、研究展望

随着写作的深入，笔者发现，越来越多的知识问题需要进行更深层次的研究才能够得到更加明晰的答案。而这些方面的探索和研究，又无法完全体现在本书中。因此，笔者通过在写作过程中的学习和思考，认为在本书的基础上，今后应该重点进行以下几个方面的工作。

（一）持续关注山东省产业发展数据变化，通过官方数据，分析山东省渔业产业结构变化、产业升级速度、产业盈利能力等指标是否出现了预期中的增长，对比分析书中提出的观点是否具有可行性及可操作性。

（二）重点关注科技因素对产业转型升级的影响，持续关注产业新技术的发展。现在的社会是一个科技日新月异的社会，往往一项新技术的出现就能够快速改变整个行业的经营模式，所以关注、研究最新的科技发展，将对探索发现产业转型升级的新路径提供有益的思路。

（三）继续深入研究"互联网＋"思维与信息技术、物流技术、仓储技术以及现代化生产技术相结合的可能的融合方式，探索通过"互联网＋"技术，联通生产、资金流动、商品流通等环节,加速价值链整合,缩短价值链流程,提升价值链的盈利能力,持续提升用户体验。

(四)继续解决 VAR 模型中存在的问题,考虑是否通过引入其他模型进行对比分析,来降低单一模型分析的波动。一是如何更有效利用受统计年度限制的数据;二是研究如何选取更具有代表性的因素指标。

(五)笔者希望能够通过进一步的研究,通过建立相对客观的评价指标体系,将战略实施的保障措施进行分层整理,将最具有影响力的保障措施划归一类因素,将作用效果稍差的保障措施,划归二类因素,以此类推,通过措施分层,将有限的资源,优先用于作用效果明显的保障措施,提升政策、资本、科研效率,提升产业转型升级速度。

(六)对价值链重构进行更深入的研究,探索如何减少渔业产业价值链中的冗余环节,降低流程损耗,提升终端体验,提高整个价值链的响应速度和价值链中各环节的盈利能力。打造一条环节少、速度快、质量优、体验好的产业价值链条。

(七)进一步研究生态与产业发展之间的相互影响和关联作用。随着整个社会的生态意识加强,未来的产业经济发展将越来越多地与生态和谐联系起来,生态环境是否可持续发展,将是未来产业能否持续转型升级的决定性因素。因此笔者在以后的研究中,将重点考量生态因素对渔业产业转型升级的影响。

(八)继续思考产业发展战略与产业盈利能力之间的互相作用关系。希望在以后的研究中,能够分析总结出产业盈利能力是否有助于产业转型升级发展,在产业发展过程中,盈利能力的强弱,除了与产业积累直接相关,能否通过产业工人的福利待遇、社会贡献等其他方面,作用于产业战略实施。

参考文献

[1] 韩立民,等.渔业经济前沿问题探索[M].北京:海洋出版社,2007.3.

[2] 褚良子.产业空心化趋势对中国产业结构调整的影响研究[D].哈尔滨:黑龙江大学,2012.

[3] 徐杰,刘群,陈盛伟.山东省渔业发展影响因素分析与对策建议[J].山东农业大学学报(社会科学版),2014,03:68～72＋102.

[4] 杨治.论产业政策[M].计划经济研究,1987,08:49～55.

[5] 石琼芳.基于循环经济的产业结构优化研究[D].天津:河北工业大学,2011.

[6] 杨伟.中国就业结构演变机制与效应研究:1990-2002[D].长沙:湖南大学,2004.

[7] 柳云.外商直接投资对我国就业结构的影响研究[D].武汉:武汉理工大学,2005.

[8] 俞忠英.新经济学范式论纲[J].世界经济文汇,2001,05:2～6.

[9] 陈爱雪.我国战略性新兴产业发展研究[D].长春:吉林大学,2013

[10] 刘青.节能背景下安徽省产业结构调整研究[D].蚌埠:安徽财经大学,2014.

[11] 周及真.上海60年工业化道路与产业结构调整研究[J].华东经济管理,2011,01:1～7.

[12] 付云鹏,宋宝燕,李燕伟.东北亚区域经济合作对东北产业结构升级的影响研究[J].辽宁大学学报(哲学社会科学版),2016,01:91～98.

[13] 李妍妍.产业结构变动中行业吸纳就业能力的研究[D].厦门:厦门大学,2007.

[14] 江晓薇.中国未来发展战略的选择——非均衡发展到均衡发展[J].北京社会科学,2000,03:41～48.

[15] 吴淑玲.基于服务业结构调整及路径选择的就业效应研究[D].天津:天津大学,2011.

[16] 曹建云.我国经济增长与就业增长的关系研究[D].兰州:兰州大学,

2008.

[17] 韩阳．葫芦岛市现代服务业发展战略研究 [D]．长春：吉林大学，2012.

[18] 谷国锋．区域经济发展的动力系统研究 [D]．长春：东北师范大学，2005.

[19] 侯丽薇．中国农业结构调整的效应研究 [D]．北京：中国农业大学，2005.

[20] 高东方．产业结构和就业结构互动演变研究——经典理论的回顾 [J]．首都经济贸易大学学报，2014，3：114～122.

[21] 陈楠．国际产业转移背景下福建制造业竞争力研究 [D]．福州：福建师范大学，2010.

[22] 陈雅秀．重庆市承接东部产业转移问题研究 [D]．重庆：西南大学，2008.

[23] 李琼．经济结构调整与最低工资对就业结构的影响 [D]．武汉：华中科技大学，2011.

[24] 曹潇．盐源苹果产业发展存在的问题与对策研究 [D]．雅安：四川农业大学，2013.

[25] 宋砚清，孙卫东．提高大学生初次创业成功率之术——基于产品价值链的视角 [J]．技术经济与管理研究，2016，02：35～39

[26] 何苇杭．制造企业协同产品商务构建研究 [D]．武汉：武汉理工大学，2008

[27] 迈克尔·波特．竞争优势 [M]．陈小锐译．北京：华夏出版社，1997.

[28] 席艳玲．产业集聚、区域转移与技术升级 [D]．天津：南开大学，2014.

[29] 施振荣．微笑曲线——缔造永续企业的王道 [M]．上海：复旦大学出版社，2014，37～65.

[30] GARYG．Beyond the Produce-driven/buyer-driven Dichotomy-the Evolution of Global Value Chains in the Internel Era [J]．IDS Bulletin，2005，32（3）：30～40.

[31] 张志东．基于全球价值链的江苏悦达集团国际化战略研究与对策 [D]．苏州：苏州大学，2012.

[32] 韩艳红．我国欠发达地区承接发达地区产业转移问题研究 [D]．长春：吉林大学，2013.

[33] 吴金明，邵昶．产业链形成机制研究——"4+4+4"模型 [J]．中国工

业经济,2006,4:36～43.

[34] 熊世伟. 转型升级:上海新一轮产业调整的战略选择 [J]. 上海财税,2001,09:12～14.

[35] 林汉川. 重视中小企业转型升级的战略问题 [J]. 宏观经济研究,2002,03:48～52.

[36] 辜胜阻,杨威. "十二五"时期中小企业转型升级的新战略思考 [J]. 江海学刊,2011,05:81～88+238.

[37] 山东省发改委宏观经济研究院课题组. 大力实施高端高质高效战略加快推动山东产业转型升级 [J]. 山东经济战略研究,2013,12:9～14.

[38] 吴传清. "十三五"期间促进长江经济带产业转型升级的战略思路 [J]. 区域经济评论,2015,01:32～33.

[39] 徐一平,刘惟蓝,戴跃强,陈建清,陈霖,卢爱国,古晶,陈清华,饶立胜,黄萍,刘文辉,朱乾,刘培,邱薇薇,施金华. 智能制造:江苏产业转型升级的战略选择 [J]. 唯实,2015,10:18～22.

[40] 陈建军. 浙江产业转型升级战略重构和大众创业万众创新社会政策环境的打造 [J]. 浙江经济,2015,7:11～13.

[41] 胡大立. 我国产业集群全球价值链"低端锁定"战略风险及转型升级路经研究 [J]. 科技进步与对策,2016,1:1～6.

[42] 方旺顺. 打通产业链实现渔业产业转型升级 [J]. 江西农业,2014,1:26～27.

[43] 高巧依. 浙江省渔业产业发展转型升级路经研究 [J]. 农业经济问题,2015,3:83～89.

[44] 丛军. 山东省渔业产业结构现状与优化升级 [J]. 中国渔业经济,2012,02:95～99.

[45] 刘小锋,李建平,李晶. 价值链视角下福建渔业产业升级机制研究 [J]. 福建论坛(人文社会科学版),2013,06:143～147.

[46] 胡文娟,甘江英. 万年渔业现状分析及产业升级对策研究 [J]. 渔业致富指南,2014,16:21～23.

[47] 马彩华,马伟伟,游奎,陈大刚. 现代渔业向第三产业转型可行性分析研究 [C]// 中国环境科学学会(Chinese Society For Environmental Sciences). 2015 年中国环境科学学会学术年会论文集(第一卷). 北京:中国环境科学学会 2015:657～662.

[48] 杨林,马顺. 海洋渔业产业结构优化升级的目标与对策研究[J]. 海洋经济,2011,04:35~41.

[49] 张远鹏,李玉杰. 对外直接投资对中国产业升级的影响研究[J]. 世界经济与政治论坛,2014,06:1~15+29.

[50] 余意. 传统企业与战略性新兴产业匹配对接的理论与应用研究[D]. 长沙:中南大学,2012.

[51] 刘志彪. 产业升级的发展效应及其动因分析[J]. 南京师大学报(社会科学版),2000,02:3~10.

[52] 王淼,张晓泉. 海洋渔业转型的成本构成及支付[J]. 中国渔业经济,2009,02:92~96.

[53] 吴隆杰,杨林. 从制度视角看中国渔业产业结构调整[J]. 渔业经济研究,2005,01:18~24.

[54] 杨林. 资源与环境约束下中国渔业产业结构调整研究[J]. 农村经济,2004,08:28~31.

[55] 黄伟新. 新疆对外贸易发展方式转变研究[D]. 石河子:石河子大学,2015.

[56] 殷凤. 中国制造业与服务业双向溢出效应的实证分析[J]. 上海大学学报(社会科学版),2011,01:91~101.

[57] 王卫东. 对建国初期我国重工业优先发展战略的再认识[J]. 芜湖职业技术学院学报,2001,1:47~49.

[58] 夏友富. 进口替代战略与出口替代战略的系统理论研究[J]. 对外经济贸易大学学报,1990,10:13~19.

[59] 江苏省水产局课题组. 江苏省跨世纪渔业发展战略研究报告(二)[J]. 现代渔业信息,1996,2:1~5.

[60] 扬子江,范小建. 范小建:关于新时期中国渔业发展战略的对话[J]. 中国渔业经济,2006,2:71~81.

[61] 韩小莲,薛振宏,刘秀中. 河北外向型渔业发展战略研究[J]. 河北渔业,2008,3:1~6.

[62] 周应祺,乐家华. 有关渔业发展战略的思考[J]. 渔业信息与战略,2013,1:1~5.

[63] 楼加金,刘兴国,胡建平、江明芳. 新区背景下舟山捕捞渔业转型升级战略研究[J]. 渔业信息与战略,2012,4:284~288.

[64] 刘超杰,任淑华. 浙江海洋渔业产业结构优化升级的战略研究[J]. 中国水运,2014,3:77~80.

[65] 盛朝迅."十三五"时期我国海洋产业转型升级的战略取向[J]. 经济纵横,2015,12:8~13.

[66] 岳冬冬,王鲁民. 我国渔业发展战略研究现状分析与初步思考[J]. 中国农业科技导报,2013,15(4):168~175.

[67] 刘强. 经济全球化和经济增长关系——基于东部十省市的分析[J]. 辽宁师范大学学报(社会科学版),2013,06:814~818.

[68] 王新越,吴宁宁,秦素贞. 山东省旅游化发展水平的测度及时空差异分析[J]. 人文地理,2014,04:146~154.

[69] 袁久和,祁春节. 基于熵值法的湖南省农业可持续发展能力动态评价[J]. 长江流域资源与环境,2013,02:152~157.

[70] 马晶晶. 新疆独立学院图书馆管理服务模式研究[D]. 乌鲁木齐:新疆农业大学,2012.

[71] 王淼,秦曼. 海洋渔业转型系统的构建及关系分析[J]. 中国海洋大学学报(社会科学版),2008,01:1~4.

[72] 孙慧慧. 山东省沿海渔港布局研究[D]. 青岛:中国海洋大学,2009.

[73] 孙吉亭,赵玉杰. 山东省渔业科技进步研究[J]. 中国渔业经济,2012,30(1):139~144.

[74] 魏召松. 我国渔业捕捞权制度研究[D]. 昆明:昆明理工大学,2013.

[75] 宋虎. 山东省出台我国首个海洋生态赔偿补偿办法[N]. 中国海洋报,2010.

[76] 大力实施品牌战略 助推现代渔业发展——四省水产品品牌建设经验交流[J]. 中国水产,2015,10:28~31.

[77] 胡成业,王飞,林杭宾. 我国海洋渔业执法体系及发展思考[J]. 安徽农业科学,2014,11:3413~3414+3429.

[78] 王德芬,王玉堂,杨子江,朱泽闻. 我国渔业多功能性的研究与思考(连载四)[J]. 中国水产,2012,04:9~14.

[79] 张思颖. 人民币即期市场、在岸远期与离岸NDF市场间信息流动研究[D]. 上海:东华大学,2013.

[80] 徐韵箔. 货币政策对上市公司财务能力的影响[D]. 成都:西南财经大学,2013.

[81] 高铁梅. 计量经济分析方法与建模：Eviews 应用及实例 [M]. 北京：清华大学出版社，2006. 249～301.

[82] 宋琪，王宝海. 基于 VAR 模型的物流业增加值与经济增长的实证分析 [J]. 统计与决策，2016，01：142～146.

[83] 张晓峒. Eviews 使用指南与案例 [M]. 北京：机械工业学出版社，2007. 114～123.

[84] 简晓彬. 制造业价值链攀升机理研究 [D]. 徐州：中国矿业大学，2014.

[85] 沈悦，李善燊，马续涛. VAR 宏观计量经济模型的演变与最新发展——基于 2011 年诺贝尔经济学奖得主 Smis 研究成果的拓展脉络 [J]. 数量经济技术经济研究，2012，10：150～160.

[86] 易丹辉. 数据分析与 Eviews 应用 [M]. 北京：中国统计出版社，2002. 166～179.

[87] "价格上涨的微观基础研究" 课题组. PPI 变化对 CPI 的影响研究 [J]. 调研世界，2012，06：7～13.

[88] 简晓彬，周敏. 基于 VAR 模型的制造业价值链攀升影响因素研究——以江苏为例 [J]. 科技进步与对策，2013，15：61～68.

[89] 马瑛. 山西省农村金融发展对农村经济增长影响的实证研究 [D]. 太原：中北大学，2014.

[90] 唐杰，郑磊. 获取优势的对外直接投资：经济学模型与实证 [J]. 中国市场，2011，07：8～18.

[91] 吴丽容，陈晓枫. 我国货币政策对居民财产性收入影响的实证研究 [J]. 福建行政学院学报，2012，04：101～106.

[92] 梁国超. 教育投资在经济增长中的作用机制研究 [D]. 长春：吉林大学，2008.

[93] 方斌. 股指期货功能理论与实证研究 [D]. 天津：天津大学，2010.

[94] 张敏. 对外贸易与经济增长关系研究 [D]. 合肥：安徽大学，2015.

[95] 林存波. 通货膨胀对不同行业股票收益率的影响研究 [D]. 上海：上海师范大学，2012.

[96] 栾贵勤等. 发展战略概论 [M]. 上海：上海财经大学出版社，2006. 76～82.

[97] 张小亮，王玉梅，刘建伟. 我国渔业科技成果转化的现状、问题与建议 [J]. 中国水产，2013，09：25～27.

[98] 陈广城. 贵州山区生态渔业技术与效益分析 [J]. 贵州农业科学, 2000, 02: 44～46.

[99] 罗文钦, 朱学兵. 基于价值链再造的企业战略转型研究 [J]. 理论界, 2007, 06: 57～58.

[100] 侯雪艳. 基于文化软实力的旅游产业价值链再造 [J]. 商业时代, 2013, 28: 112～113.

[101] 敬小军, 袁新华. 渔业援外人力资源开发合作项目浅析——基于淡水渔业研究中心援外培训工作实践 [J]. 中国农学通报, 2013, 08: 71～74.

[102] 李大海, 韩立民. 中国"蓝色粮仓"理论研究进展评述 [J]. 中国海洋大学学报(社会科学版), 2014, 06: 31～35.

[103] 卢昆, 周娟枝, 刘晓宁. 蓝色粮仓的概念特征及其演化趋势 [J]. 中国海洋大学学报(社会科学版), 2012, 02: 35～39.

[104] 卢宁. 山东省海陆一体化发展战略研究 [D]. 青岛: 中国海洋大学, 2009.

[105] 裘启煌, 黄玉芹. 嵊州市渔业经济可持续发展中的问题与对策 [J]. 中国渔业经济, 2008, 02: 93～97.

[106] 孟庆武, 赵斌. 山东海洋渔业现状及发展潜力分析 [J]. 齐鲁渔业, 2009, 06: 53～56.

[107] 孟庆武, 赵斌. 论科学发展观视角下的山东渔业发展对策 [J]. 海洋开发与管理, 2009, 07: 34～38.

[108] 孟庆武, 孙吉亭. 科学发展观视角下我国现代渔业制度建设 [J]. 中国渔业经济, 2012, 05: 30～35.

[109] 孟庆武, 任成森. 论山东半岛蓝色经济区建设过程中海洋资源的科学开发 [J]. 海洋开发与管理, 2011, 01: 58～62.

[110] 杨亚非, 覃海珊. 广西北部湾经济区沿海渔民生存状况调查与分析 [J]. 经济与社会发展, 2015, 05: 1～6+75.

[111] 湖北省人民政府关于加快现代渔业发展的意见 [J]. 渔业致富指南, 2014, 09: 4～6.

[112] 制定现代渔业建设蓝图 促进渔业持续健康发展——湖北、安徽两省制定加快现代渔业发展意见 [J]. 中国水产, 2014, 05: 10～13.

[113] 唐庆宁, 王平, 程建新, 阎斌伦, 夏爱军, 张华. 美国渔业印象 [J]. 水产

养殖,2000,05:19～21.

[114] 张静宜,陈洁. 大宗淡水鱼主产国产业政策特点和经验借鉴[J]. 世界农业,2014,06:116～121.

[115] 肖梁,姜华帅. 舟山市渔业转型升级的问题与对策[J]. 现代农业科技,2011,08:365～366.

[116] 王其中. 企业从OEM到OBM发展路径的研究——基于宁波企业的实践[J]. 长沙理工大学学报(社会科学版),2010,06:27～31.